말할 수 없는 것들을 위한 파반느

사이펀현대시인선 27

말할 수 없는 것들을 위한 파반느

김윤수 시집

시인의 말

열어도 열리지 않는 문이 있다
닫아도 닫히지 않는 문이 있다
문의 또 다른 이름인 길 위에서
방황을 한다
열리지 않는 문을 열기 위해
닫히지 않는 문을 닫기 위해
단언컨대 시인은
지상의 가장 외로운
떠돌이 별인지도 모르겠다

김윤수 시집

• 차례

시인의 말 ················· 005

제1부

말할 수 없는 것들을 위한 파반느	013
폭염	014
고흐에 관한 명상	016
오월의 봄날을 가다	018
퍼플섬	020
느리게 오는 새	022
모르는 슬픔	024
대신 아파 드립니다 – 양파의 변	026
시를 위한 단상	028
폭염 2	031
발톱	032
생이 허무처럼 다가올 때	034
셀프 텔러	035
충분의 무게	036
기다린 일	038
반가사유상	040

siphon

말할 수 없는 것들을 위한 파반느

제2부

아름다운 저녁	043
후포항	044
노란색의 투사들	046
독주회	048
망혼의 방	049
오늘 하루만이라도	050
저녁 속으로	052
예지몽	054
손편지	056
잘 다녀오십시오	058
애인	061
같다와 처럼의 이중구조	062
차안과 피안	064
기분 묘하다	066
존재와 부재	068
잠자리	069

김윤수 시집

제3부

내가 더 슬픈 이유 – H를 위한 비가	073
아마도島	074
귓속말	076
바다에서 만나자	078
말 잘 들어주는 사람	080
내일은 비	082
남이섬	084
흘린다는 것과 찌른다는 것	086
갈망의 푸대들 – 코로나 블루	088
서운암 장독대	090
미래 도서관	091
긍정의 힘	092
인어공주	094
부재중입니다	096
눈이라도 기다리며 살자	098
오월과 유월 사이	100

siphon

말할 수 없는 것들을 위한 파반느

제4부

물 위를 걷다 – 수영장 풍경	103
우리를 흐르는 것들	104
기다림의 미학	106
춤으로 쓰는 시	108
맨발 걷기	110
빅 백	112
빌런의 앤솔로지	114
김수영 시인	116
졸업	118
알면서도 모르고 모르면서 아는	120
노을	121
사무사思無邪	122
불면객	124
그놈은 예뻤다	125
비망록	126
사랑하다 죽어라	128
단풍나무	130

해설
존재하지 않는 존재와의 결별 / 김정수   131

사이펀
현대시인선
27

말할 수 없는 것들을 위한 파반느

김윤수

제 1 부

말할 수 없는 것들을 위한 파반느

　내 입속엔 노을같이 붉은 말 할 수 없는
　말해지지 않는 것들을 위한 말할 수 있는 말들로 가득해요
　우는 자들을 위해 소나타 형식으로 짜여진
　사랑스러운 말 그리운 말 전하지 못한 말들이 빽빽하죠
　주체할 수 없어 입 벌려 말하려 하면 꺼내기도 전에
　파도에 휩쓸리는 모래알이나 소리 나지 않아 버린 고장난 악기가 되어버리죠
　터트릴 수도 버릴 수도 없는 입속 가득한 말로
　성을 쌓으려 해도 새를 날리려 해도 반복되는 악순환을 떨칠 수가 없어서
　말하지 못하는 것들을 위한 말할 수 있는 말들이
　입속 가득 찬 공기였다고 벌판을 가로지르는 구릉이었다고 신기루였다고
　물푸레나무 슬픈 이름으로 속삭이는 수밖에요
　그럼에도 난 내 입속 쏟아낼 수 없는 말들을 사랑해요
　소리로 접을 수 없어 숨 막히는, 말해지지 않아 말의 늪에 빠져 지내는 하루를
　그 말할 수 없는 것들을 위한 파반느를
　둑 넘치는 질주를 사랑하고 사랑해요

폭염

눈이 부셔 바라볼 수 없는 태양을 바라보는 건 나를 조금 허물겠다는 의미
 벗겨지지 않는 보늬를 벗겨 내겠다는 뜻

 조금은 느슨해지려고 말도 안 되는 이유로 무너지는 중인데
 당신은 강렬한 속도로 탐욕의 눈빛을 건넨다

 노곤해지던 눈꺼풀이 스르르 닫힌다

 그럼 다시 한번 혼인해 볼까

 모든 것이 서툴던 달빛 들던 밤처럼

 당신이 쳐놓은 그물에 걸려
 무쇠도 녹아 뱀처럼 휘어질 열기에 대낮을 벌겋게 태워 볼까
 다시 백 년의 언약을 손가락 걸어 볼까

 당신과 나
 저 햇볕 쏟아지는 벌판에

당신의 먹이가 되어도 괜찮은 한낮을 멀리 던져 볼까

빛 때문에 살인한 뫼르소*는 잊고
사랑이 죄가 될 수 없는 아담과 이브로 돌아가

흐물흐물 녹아 볼까
길을 잃어 볼까

◆ 이방인의 주인공.

고흐에 관한 명상

막막함에서 벗어나기 위해 쓴다

연필심 뾰족하게 깎아 너를 쓴다

슬퍼서 흔들리는 게 아니라 흔들려서 슬픈 가을 들녘의 절규를 쓴다

만나지 못하는 그리움을 두고 한 장에 적어 내려가지 못하는 아픔을 쓴다

잊히지 않아 용서할 수 없고 이해되지 않아 슬픈 침묵에 대해 쓴다

여름이 다 가도록 태양을 훔치는 배롱나무 그 은밀한 내력에 대해 쓴다

별에 관한 명상을 논하던 별이 쏟아지던 밤의 글썽이는 눈부심을 쓴다

부질없다고 해도 부질없어지지 않는 관념에 대해 쓴다

백지 위에 다시 연필심 뾰족하게 세우고 너를 쓴다

거짓 아닌 거짓을 쓰고 위선 아닌 위선을 쓴다

귀를 하나 잘라도 좋다

오월의 봄날을 가다

네잎클로버를 찾은 적 없는 여자들이 네잎클로버를 찾으러 숲으로 들어갔지

이름을 알 수 없는 풀꽃들이 부드럽게 발등을 핥아주는 숲속엔 키 큰 나무들이 낳은 초록 물고기들이 허공을 헤엄쳐 다니며
나무 사이로 쏟아지는 햇살을 받아먹고 있었지

흙냄새 풀냄새 바람 냄새 숲 냄새
하도 향기로워 풀꽃 옆에 드러눕고 싶었지

여행을 왔으니 느리게 느리게 아주 느리게 하루를 보낸들 풀꽃 옆에 누워 꽃잠을 잔들
나무에 올라 초록 지느러미를 흔드는 바람이 된들
우리 없는 동안 세상의 모든 비밀이 누설되어 우리만 모른들
살아 있는 몸짓 하나의 향기로 치열하게 존재를 과시하는 숲속에서
상류처럼 흘러드는 봄의 군단을 막을 수 없듯
늦은 오월의 여자들을 아무도 막을 수 없었지
무엇을 해도 좋은 날이었지

〉

　네잎클로버는 눈에 불을 켜도 보이지 않고
　우리 봄에 상처 입히지 말자 엄마잖아
　이유 같지 않은 이유를 들이대며 그냥 쑥이나 캐자
　아니 아니 노래나 부르자 춤추자
　누군가의 제안으로 허리를 세웠지

　향기에 약한 여자들이 향수를 뿌리는 건 나약함을 감추기 위한 방법
　스스로 그 향기가 되고 싶다는 뜻

　풀꽃들도 그러할까

퍼플섬

물 위를 걷는다

바람이 흘린 눈물 같아서
초록 잎사귀가 햇살에 흔들리다가 떨군 입술 같아서
입술만 생각하면 가닿고 싶은 섬 같아서

세상의 모든 보라를 그러모아
허물고 덧대고 칠하고 펼쳐 만든 전경 속으로 들어간다

전신을 안개처럼 친친 휘감는 보라
마을의 지붕도 담벼락도 카페도 펜션도 공중전화 부스도
해안가를 따라 핀 제비꽃 수국 라벤더도 다 보라다

보라 보라 중얼거리다가
 불현듯 공중전화 부스로 들어가 멍 자국 선명했던 유년의 보라에게 전화를 건다
 그땐 그러면서 크는 줄 알았다 많이 다쳐 본 사람이 철도 빨리 든다기에

 스치면 인연 물들면 사랑이라는 어디서 읽은 글귀를
 생의 어느 지점에서는 아플 줄 알면서도

인연에 물들고 사랑에 빠지기도 한다는 의미로 받아들여도 될까

　보라가 되기 위해 누군가 건네준 보라색 헐렁한 티셔츠를 걸친다
　바람의 갈기에 머리칼을 맡긴다
　바다가 발밑에서 출렁이는 다리 위, 그러니까 보라색

물 위를 걷는다

다리 위에서 바라보는 마을은 전생처럼 다감하고
물 위를 걷는 몽유의 시간은 기시감으로 뒤척인다
내 안에 있는 보라가 명치끝을 찔러 댄다

멀리 와서 버린다
생의 무거운 짐

느리게 오는 새

어디서 오는지 모를 새를 기다리는 사람은
이성적인가 비이성적인가

자꾸 투명해져서 불투명해지고 마는 안개에 마음 베인다

갈증과 허기는 어디서 오나

밤이 왔다 검은 누우 떼 같은 밤이

침대에 누워 늦은 밤거리를 쏘다닌다
썰물과 밀물이 지나간 휑한 거리를
주점과 주점으로 포개진 지린 비애 위를
거리엔 바람 불고 바람이 지나는 방향으로
하루를 잃어버린 빈 비닐봉지들
부치지 못한 밤의 긴 편지 같은 몸짓으로 낮게 날고 있다

공들인 날들에 찔려 물큰거리는 상처
검은 봉지에 접어 날려 보낼까

밤과 밤의 긴 행렬, 갇혀 있던 말들이 숨을 조였다 푼다

멀리서 느리게 오는 새를 대합실 의자처럼 기다리고 있기 때문인가
　불씨를 지피면 뜨겁게 타오를 심장이 남아 있기 때문인가

　밤을 조망하고 누운 가슴이 뭉클 달아오른다

모르는 슬픔

　바다에 당도했네
　기다리는 사람 아무도 없으나 세상 가장 낮은 곳에 누워
온갖 상처 보듬고
　꿰매고 쓰다듬는 바다에
　얼마 만인가
　바닷바람에 파도 소리에 어깨 덧대 보는 거 전신의 세포
열어보는 거

　바다는 바다만의 따듯한 바람이 불고 파도는 수수천 년
의 물결로 부서지고
　그 앞에서 사람들은 그때나 지금 알 수 없는 혼잣말을
지껄이고
　기쁨 혹은 얼룩들을 지우며
　한 점 모래알이 되거나 방울방울 물방울이 되기도 한다

　다닥다닥 바위에 붙어사는 조가비처럼
　모르는 사람들 틈에 섞여 모르는 슬픔을 해안가에 버린
다

　음표처럼 텅 빈 허공 속으로 뒤를 지우며 날아가는
　우울이라는 욕망이라는 절망이라는 이름의 새들

〉

생의 행간을 칸타타로 오가던 새들
잘 가라 나를 앉았던 새여

풍경이 파도 소리만 남기고 적막 속으로 가라앉는다
밀려왔다 밀려가는 파도처럼 사람들이 하나둘 사라진다

춥다는 말은 외롭다는 말의 또 다른 수식어
빠르게 다가오는 겨울 저녁의 짭조름하고 서늘한 등을
만진다

저녁 빛에 몸을 씻은 바다가
비로소
내 입속의 검은 미늘을 인양하기 시작한다

대신 아파 드립니다
 - 양파의 변

　침대 모서리가 집이죠
　들녘의 초록 바람과 나를 키워준 팔 할의 햇살은 잊거나 놓아버려야 해요
　체념이 빠를수록 무대는 아름다워지고 펼치기 좋은 꿈은 이루어집니다

　낮이 짧고 밤이 긴 겨울을 견디려면 종려나무 잎을 흔들어야 할까요
　불면을 앓는 자와 그늘에 서식하는 무리를 차단하기 위해 몸에서 뿜어 나오는 기개 어린 유전자가 필요하죠

　매운 향 내주고 부유하는 먼지와 휘감기는 어둠을 마셔요
　예고 없이 찾아오는 고독과 불안은 밀어내고 떨쳐도 쌓이는 눈처럼 피로를 모릅니다

　깨끗한 것에 들러붙는다는 속설 때문에 내 인기는 추락을 모릅니다만
　완벽을 기하는 사람들의 제의에 동참하려면 스스로 죽음 같은 매혹에 빠져야 하죠

모르는 이웃들은 몇 겹의 옷을 덧입거나 가면을 쓰고
별이 수놓는 밤에 별을 수놓으며 저마다의 강으로 흘러
요

서론이 길면 결말은 재미없어지죠

더 이상 나를 나라고 부를 수 없을 때까지
대신 아파 드립니다
대신 썩어 드립니다

침대 모서리가 집이죠

시를 위한 단상

 당신은 어디 있었습니까
 나는 어디에 있었습니까
 비켜 가기만 했습니까
 만날 확률이 1도 없었습니까

 빌딩의 숲을 빠져나온 바람이 신호등에 걸려 잠시 숨을
고르는 동안

 신은 어디에 있었습니까
 낮잠을 자고 있었습니까
 다리를 건너고 있었습니까
 휘파람을 불고 있었습니까

 우리가 만나 세상을 깜짝 놀라게 할 세기의 사랑이라도
할까봐
 미리 연막을 치신 것입니까
 늘 엇갈리는 길목에서 늘 엇갈리도록

 당신은 나를 향해 심장을 열어 놓았습니까
 당신을 향해 열어 놓은 내 심장은 안전합니까

내 몸에서 열꽃으로 핀 바다는 음악은 구름은 구름을 헤집는 비는 봄의 꽃들은
 지저귀는 새는 여름의 맨발들은 울창한 숲은 다 어디로 갔습니까
 스쳤다 흩어지는, 물결처럼 왔다가 사라지는 네거리 십자로의 사람들처럼 정처 없었습니까
 몰두할수록 몰입은 쉽지 않아서 가장 성한 갈비뼈 하나를 뽑아 지붕을 날아올라
 오후의 모든 유리창을 부수고 부수고 깨부수는 망나니가 되기도 했습니다
 날카로운 유리의 파편에 찔려 피 흘리며 순교자처럼 죽어도 보았습니다

 한 줄 문장으로 떠오르는 당신

 당신은 무엇입니까
 누구의 슬픔입니까
 어느 몸속을 흐르는 쪽배입니까
 풍랑입니까
 오른쪽과 왼쪽입니까
 뜨거운 절망입니까

달콤한 독약입니까

  당신을 소유하고 싶은 욕구가 당신을 경유해야 하는 당신을 경유하지 않으면 안 되는 이유가 되어버려서 아침의 기도가 길어지는 까닭입니다
  나를 다 녹아내리는 무거운 허울을 벗고 생각의 단면을 뒤집어 당신을 내 안으로 모셔옵니다
  당신은 내 안에서 고래도 뒤고 눈사태고 되고 해일도 되고 먼 별이 되어 나를 작용하십시오
  나는 당신이 풀어놓은 풀밭에 풀이 되거나 들꽃이 되겠습니다

  당신은 어디 있었습니까
  나는 어디에 있었습니까

폭염 2

오늘 너는 지상에다 알몸의 뜨거운 너를 푼다

구름 한 점 없는 쪽빛 하늘에 새도 몇 마리 푸드득 날린다

초록의 잔디가 진초록으로 옷을 갈아입는 동안

키 큰 미루나무가 어린 잎새를 밀어내는 동안

너는 주황색 뚝뚝 떨어지는 물감으로 세상을 덧칠한다

해변에는 벗은 사람들로 가득하다

뛰어들지 않고는 견딜 수 없는

하루의 극치가 완성되는 시간

발톱

동그랗게 몸을 말아
발톱을 깎고 있으면 생각나는 사람 있다네

이십여 년 전에 별이 된 사람
눈물 콧물 쏙 빼놓고 떠난 사람

단 한 번도 누구의 발톱을 깎아 준 적 없는 내가
평생 누구에게 발을 내밀어 본 적 없을 그녀의
발톱을 깎아 주어서가 아니라
구순을 넘기고도 수줍어 두 발을 치마 속으로 감추던
그 비밀스러운 순정을 보았기 때문이네
그렇게 희고 부드럽고 아담한 발을 처음 보았기 때문이네

세상의 모든 것을 다 내려놓은 발은
그렇게 아름다운 것인지 우아한 것인지
반달같이 떠오른 발톱을 깎아 주며 숨을 삼켰다네

북녘으로 돌아눕는 그녀의 등에서는 바람 소리가 났다네
 갈대 서걱이는 소리 한 생각 일깨우는 산사의 풍경 소리
풀벌레 우는 소리

허공에서 흰 눈발 펄펄 휘날리는 소리 그 강을 건너지 마오 애끓는 울음소리
　이승과 저승 어디쯤
　깨끗하게 깎은 발톱으로 한 생을 지우며 걸어가는 소리 소리들

　내가 해 줄 수 있는 것은 그것밖에 없어

　몸을 동그랗게 말아 발톱을 깎아 드렸다네

생이 허무처럼 다가올 때

 살아 있는 것인지 살고 있지 않은 것인지 알 수 없을 때가 있다 무엇을 하려 해도 텅 빈 상자일 때가 있다 백치처럼 구름이 스치고 간 빈 하루일 때가 있다 생은 왜 가끔 이토록 절벽 같은가 유령 같은가 누가 읽고 있던 책의 소리 나는 책갈피를 뽑아 갔나 누가 내 긴 기억의 회로를 차단했나 밤새 내가 베고 자던 베개는 사막의 붉은 모래알 씹을수록 서걱거리고 머금을수록 깊어지는 구덩이 세계와 가까워졌다 점점 멀어지는 나는 오늘을 기웃거리는 장미의 모순과 비의 결합체로 만났다 내일은 과거의 어느 시간 속을 유영하는 해마의 깊은 눈동자로 온다 순간은 빠르게 흐르고 흘러간 순간은 뒤를 돌아보지 않는 강물의 유속과 같다 강은 어디에 쌓이는 시간인가 무덤인가 인간의 조건에서 조건을 빼면 미완성의 인간만 남는다 완성으로 가는 길은 생을 다 소비하고도 완성되지 않은 미완의 변주곡 권태로부터의 탈출은 시도할수록 나를 지배하던 음악과 3월을 노래하는 개똥지빠귀의 봄은 오지 않고 여름과 가을과 겨울이 변방의 중심에서 떨고 있다 변방의 언덕배기에 눈부시게 피고 지고 피고 지는 꽃은 기쁨의 절규인가 황홀한 절망인가 모서리가 투명해지도록 밤을 닦는다 누가 내 목에 고양이 방울을 달아 줄 사람 없는가 이 밤

셀프 텔러◆

그녀가 한쪽 날개를 잃고 슬퍼하는 동안
나머지 날개를 다독이며 울어 주지 못했다
무슨 말로든 위로를 건네라는 셀프 텔러의 충고를
귓등으로 흘렸다
저녁이 되자 커튼을 치듯 어둠 밖으로
가슴을 짓누르는 돌덩이 던지며 슬픔의 무게 줄여 갔을까
절정의 아름다운 가을 풍경이 창 안을 기웃거려도 아무런 감흥 없이
그저 그런가 보다 했을까
나처럼 왠지 모를 불안감에 쫓겨 눈부신 가을 낙조의
아름다움을 씨실과 날실로 엮지 못하고
그저 그런가 보다 했듯이
함께 울어 주지 못한 감정이
아직도, 라는 섬에 갇혀 숨을 조여 온다
단 한 번의 큰 슬픔을 깊은 위로로 건네지 못한 말
후회란 이렇게 오는 법인가
셀프 텔러가 한쪽 귀를 베어 간다

◆ 마음속에서 나에게 말을 거는 사람.

충분의 무게

안개를 헤치고 숲길을 걷는데 냄새가 난다

비 오는 날 그녀의 젖은 머리카락에서 맡던 은은한 냄새가 난다

나무에서 흙에서 풀숲에서 트라이앵글처럼 퍼져

숨 쉴 때마다 들이켜게 한다

한때 미치도록 그 악기에 취해 살았다

오늘 다시 그 향기에 젖는다

오래 잊고 있었던 그리움이 발기한다

가지도 오지도 못할 쪽으로 기울던 시간을 운명이라 울먹였다

다 전생의 일이었다

돌이킬 수 없다 해도 전생이 있는 것만으로 충분하다

지금 그리운 그 기억만으로

소환할 수 있는 충분의 무게만으로 충분하다

기다린 일

구부리고 걷던 사람이 허리가 펴졌다는 소문에

황톳길엔 발자국이 많아졌다

황토를 직접 감촉하고 싶어 방향을 바꾼 게 분명하다

태양은 온도를 조절하며 열두 달을 살다 가곤 했다

바람도 그러했고 나뭇잎도 풀도 꽃도 벌레들도 다 아는 표정이었다

낮이 긴 시간은 황톳길에 물을 뿌려줘야 했고

밤이 긴 시간엔 사람들 외투가 두터워졌다

바뀐 게 없다면 너와의 거리가 멀어 보여서 아직 이라는 것

그 말은 시작의 반을 웃도는 말 같기도 아니기도 해서

온도와 농도를 혼돈하기도 했다

너로 허기져 긴 긴 밤 구부리고 자던 버릇이 황톳길을 걷게 한다

그 후로 건강이 좋아졌다는 말들이 열렬하게 귀를 소모시켰다

기다린 일이었다

네가 내게로 오고 있다는 전언을 듣던 별이 총총한 저녁처럼

반가사유상

웃는 듯 우는 듯 무심한 듯

몇천 년의 시공을 건너온

미소엔

세상의 오묘한 진리가 담겨 있다

나는 수직으로 떨어지는 빗방울

당신이 젖지 않으려면

우산을 펼쳐야 하는 물방울

헤어질 때 글썽이던 눈물방울

제 2 부

아름다운 저녁

바람이 대숲을 흔드는 오후
대숲이 바람에 흔들리던 직후
누가 먼저랄 것 없이 같은 방향으로 새들이 날아오른다

참 아름다운 순간이야
이런 날에 저 풍경 같은 마음을 집으로 지으면 어떨까
대낮을 떠돌던 말 네게 하지 못한 말 참았던 말
입속을 떠나지 않던 말들 불러와 집을 지으면 어떨까
창밖을 바라보며 생각에 잠기네
숲으로도 짓고 바람으로도 짓고 풀잎으로 이슬로도 지으면
아까시나무로 기둥을 세우고 산수유 떨리는 잎으로 천장을 바르고
산벚나무 환한 창을 달고 전나무 가지로 울타리를 치면
세상에 하나밖에 없는 집이 될 거야
거기 들어가 비 오는 날엔 비에 젖고
햇살 쨍쨍한 날엔 젖은 옷 말리리
책도 읽고 새들의 음악을 라이브로 들으리
날아갔던 새들이 붉디붉은 서녘을 배경으로 돌아오고 있네
참 아름다운 저녁이야

후포항

 커브를 돌자 한밤의 습격처럼 사차선의 바다가 폭넓게
펼쳐져 있었죠
 영혼의 시원 같은 온몸을 전율 가운데로 몰아넣는

 깜짝 선물은 기쁨과 환희를 데려오죠
 소리라도 지르고 싶은 욕구가 목을 통과할 때까지 기다
립니다
 이런 감정은 기억을 오래 붙들고 있는 법이죠 불면처럼

 목적지가 가까울수록 코를 자극하는
 강렬하고도 치명적인 냄새
 허기와 채움을 동시에 느끼게 하는 건
 식욕과 소유욕을 불가분의 관계라고 정의한 이론 때문
만은 아니겠죠
 배꼽시계 알람을 풍경으로 재웁니다

 소문대로 찾아간 냄새의 발원지는 선착장 앞 난장이었
습니다
 각종 수산물과 살아 있는 대게를 즉석에서 쪄주는 간이
매장
 절약을 미덕 하는 사람들의 흥정은 꽁무니가 긴 법이죠

희비가 질펀한 바다일수록 관습이 전통이란 이름으로 맥을 이어 갑니다
　선착장을 선회하는 갈매기들의 나래짓처럼 푸른 이끼처럼

　기다리는 사람은 많고 가마솥은 한정되어 있어 결국 피 같은 시간을 지불해야 하죠

　누르지 않으면 멈추지 않는 피의 감정으로
　갖가지 깃발을 단 수십 척 선박을 배경으로 셔터를 누릅니다
　같은 공장 사람이 아닌데도 점점 닮아 가는 아니 점점 낡아가는 렌즈 속 얼굴들
　이들에게도 악화가 양화를 구축한다는 말이 어울릴까요

　갈 길 멀어
　대게 냄새로 한낮의 적막을 문신하는

　후포항을 통째 들고 차에 오릅니다

노란색의 투사들

노란 눈이 쏟아져요
자꾸 멀미가 나요
등 뒤에서 누가 불러요
돌아보면 아무도 없는데 노란 입술이 입술을 포개요
수만 년을 걸어온 사내들이 허공을 내려와요
색이 하늘을 날아요
눈물이 날 만큼 아름다운 것들은 색을 펼치죠
사내들은 온몸으로 물감을 짠 색을 입고 있어요
물레에 실을 뽑아 옷을 짓는 여인네들처럼

눈이 발끝에 차여요
한 줌 눈송이를 쓸어 공중에 뿌려요
떨어지는 속도를 따라 함께 비상해요
주효하므로 주요하지 않게 보이는 것들이
손끝을 거쳐 발끝에 차이죠
발끝에 차여 본 적 없는 돌에게 삶을 이야기하지 말아요
금기가 되어 가는 상식을 논하지 말아요
힘으로 누르려고 하는 자들의 말을 믿지 말아요
정석이 어느새 비정석이 되어 가니까
그럴 때 받은 상처는 쉽게 치유되지 않으니까
그러므로

노란색으로 무장한 가을이 오고 노란색의 투사들이 무진 거리를 휩쓰는 거예요
소멸해 가는 종들을 추모하는 장엄한 의식을 치르는 거예요
모든 잎이 입을 대신해 하나밖에 남지 않은 종을 지키려고 투쟁하는 거예요
냄새를 풍기며 순교하는 노랑이 있는 거예요
사소하고 소소해서 눈에 띄지 않는 질서가 아침이면 조용히
거리를 정갈하게 만들어주고 사라져요

연해 노란 눈이 쏟아져요
자꾸 멀미가 나요

독주회

발을 잘못 디딘 건 한순간이었다

직선에서 곡선으로 장엄하게 날아올랐다

정지 화면처럼 모든 사고가 멈췄고
얼마 동안 무간도를 헤맸다

오욕을 논하다 오역이 된 것인가

아픈 말들이 과녁의 중심을 비켜 가지 않았다

잘못된 문장처럼 때 이른 꽃잎이 난분분 머리 위로 흩날렸다

무덤을 덮는 흙비 같았지만 착각이었다

날개는 찢어졌고 팔꿈치 뼈에 실금이 그어졌다

그런 와중에도 가장 먼저 떠오른 건 당신이었다

망혼의 방

불러도 대답이 없는 사람을 찾아갔네

더 이상 벗을 것이 없는 잿빛 나무들과 등껍질이 드러난 잔디와
겨울빛에 싸늘히 식어가는 능선들과 그 끝의 시린 하늘

정숙이라고 쓴 글씨 앞에서 정숙해지는
눈물은 말라버렸지만 깊은 슬픔 베어 물고
별들의 묘지 망혼의 방으로 조용히 찾아갔네

칸칸마다 이름표를 단 부케들
언 손으로 사진의 얼굴을 부비며
저 왔어요 저 왔어요 제가 왔다고요
목이 잠겨 목소리가 터져 나오지 않는
메아리가 떠도는 방으로

아무리 불러도 대답이 없는 사람을 찾아갔네

오늘 하루만이라도

사방이 바다로 둘러싸인
오수를 즐겨도 좋을 아늑한 카페에 앉아
수척해 가는 겨울 등뼈를 만지며
커피 대신 쪽빛 바다를 들이킵니다

피를 나눈 몇몇이 당신을 둘러보고
당신의 치마폭에 일 년 치 슬픔을 문지르고

그것도 모자라 아름다운 노을을 보여주자고
생전의 당신을 다시 여기 풀어놓을 때

수평선 가까이 부표처럼 떠 있는 섬이
당신인 양 말 없는 미소로 출렁입니다

살아 있으므로 먹고 마시고 나누는 우리들이 있다면
당신이 세 든 방은 온통 꽃들로 둘러싸인 천국

영혼이 쉴 작디작은 방 하나뿐일지라도
살아 의지하던 큰딸과 이웃하고 있으니 외롭지는 않을
는지요

죄만 지었다고 모자랐다고 속 쓰린 회한을 갚을 길 없어
오늘 하루만이라도 뼈를 깎고 살을 저미며

오직 당신 생각에만 젖어 생전에 못 한 말

사랑한다고 사랑한다고

저녁 속으로

 나는 그녀를 선호하고 그녀는 저녁을 선호한다 태양이 지고 붉게 물든 노을이 가라앉으면 그녀의 뺨은 복숭앗빛으로 물들고 눈동자는 비 온 뒤의 공기처럼 맑고 깊고 투명해진다 그녀의 하루 중 가장 그녀를 그녀답게 만드는 순간이다 어둠이 밀려오는 그 잠깐 동안의 푸르스름을 좋아하다니 서서히 창으로 비껴드는 회색빛에 매료되다니 나는 그녀에게 뭉클하고 그녀는 그 순간에 뭉클한다 읽고 있던 책의 글자들이 달아나는 시간이다 동시에 어두운 빛들이 소리 없이 퍼져나가고 새가 둥지로 돌아가 깃을 접는 시간이다 가로등이 켜지는 시간이고 숨어 있던 별들이 눈을 뜨는 시간이고 바다는 파도 소리만 남기고 적요에 잠기는 시간이다 달리는 차들이 전조등을 켜는 시간이고 사람들이 서둘러 집으로 돌아가는 시간이고 거리와 카페가 잠시 헐렁해지는 시간이다 이런 시간 빈 카페에 들어가 조용히 차를 마시며 세상을 관조하거나 담론하기 좋은 시간이다 그녀는 어스름 속에서 눈처럼 환한 저녁이 된다 너무나 환해서 불을 켜지 않아도 밝다 그녀와 마주 앉아 계속 책을 읽어도 무방할 것 같다 어둠에 뭉개진 글자들을 세워 첨탑을 쌓고 그 첨탑 안으로 들어가 돌이 되어도 바람이 되어도 달빛이 되어도 백년손님이 되어도 괜찮을 시간이다 그녀가 선호하는 저녁은 어디까지인가 조용히 와서 어둠을 확장하는 미세한 입자들을 바라본다 섬세한 공기를 바라본다 같은 속도와 빛깔로 빈틈없이 채워지는 천장과 벽을 바라보고 점점 지워지는 사물들을 바라본다 그녀도 나도 점점 어둠을 껴입기 시작한다 어딘가 떠나고 싶어 용기가 필요했을 때 저 어둠처럼 세를 몰아 떠나던 그리고 다시는 망설이거나 주저하지 않던 시간을 떠 올린다 끝이라고 생각했을 때 또 다른 시작이 오던 순간을 생각한다 그때 벨 소리가 났다 문을 열기 위해 일어선다 손을 뻗어 현관문을 여는 순간 내 손과 그녀의 손이 부딪친다 찾아온 손님은 검은 양복을 입은 저녁이었다 우리는 문밖에 서 있는 저녁을 불러들이며 선호하면서도 선호할 수 없었던 저녁의 캄캄한 가운데로 들어가 비로소 서로를 선호하며 아득한 저녁이 된다

예지몽

  골드미스를 벗어나기 위한 작전이라고 해 둘게요
  꿈을 꾼 다음 날 꿈속 귀인이 일러준 대로 작전을 세웠습니다만

  그럼에도 모르는 사람을
  백여덟 번째 남자라는 이유로 말을 걸어야 한다는 게 상식적이지 않았습니다

  상식으로 따진다면 길목에 서서 지나가는 사람을 헤아린다는 게
  더 비상식적이지 말입니다

  한 사람 보내고 또 한 사람 또 한 사람,
  마침내 백여덟 번째 남자가 가까이 다가오고 있었으나 그 순간 문득 자괴감에 빠져
  그냥 지나가도록 눈을 찔끔 감아버렸습니다

  눈을 감자 빈속이 울렁거리고 다리가 후들거려
  비틀거리다 쓰러지고 말았습니다

  아뜩하였으나 눈처럼 쏟아지는 사월의 꽃나무 아래였으니

언제 수북이 쌓인 꽃 위에 누워 보겠습니까

버진로드는 물 건너갔다 생각했는데 한눈에 봐도 귀티 나는 그가
괜찮으세요 다친 데는 없습니까 묻는 부드러운 목소리에 그만 오수午睡에서 깨고 말았습니다

아흐 어쩌죠

지상으로 떨어지던 햇살이 입속의 마른 잎처럼 말라가는 가을 저녁이었습니다

손편지

  속마음을 털어놓는 편지를 보내고 말았습니다
  적당히 밀당을 해야 옳았을까요
  초보의 초보였습니다
  모든 감정에 솔직해야 한다고 배웠으니 솔직한 건 잘못
이 아니겠으나
  배운 대로 실천해서는 안 되는 함수가 사랑의 수칙에 숨
어 있다는 걸 몰랐습니다

  사랑에 갑과 을이 존재한다면 기꺼이 오늘 이후 당신의
을이 되겠습니다

  관심을 갖거나 덜 갖거나
  성급하거나 그렇지 않거나
  적극적이거나 소극적이거나

  아마도 전자의 경우에 해당하는 나였으므로 성급함이
어느 저녁
  손편지를 쓰도록 부추겼습니다
  진실로 마음에 있다면 누가 먼저 속내를 털어놓은들 그
게 무슨 문제이겠습니까
  초조함을 뒤로하고 말의 고삐를 잡고 초원을 달린들 그

게 무슨 허물이겠습니까

　사랑은 술 같고 마약 같고 독약 같은 것이어서
　취해서 이성을 잃은 게 아니라면 무슨 변명이 필요하겠는지요

　오직 직진만 있을 뿐
　서행을 하거나 잠시 멈추거나 유턴을 할 수 있는 게 아니었습니다
　사랑은 묘약이었습니다 황홀한 함정이었습니다 뜨거운 블랙홀이었습니다
　광활한 우주였습니다 장미의 천국이었습니다

　그러니 을이 된 나를 나무라지 마십시오
　이대로 가만 내버려두십시오
　내가 지금 얼마나 행복하고 절절한지 음미해 주십시오
　지금보다 더 굉장한 무엇이 올 때까지 이 공명에 젖어 있겠습니다
　저 허공의 턱 밑까지 나를 친친 감아올리겠습니다

잘 다녀오십시오

 어둠이 어둠을 잡아먹고 어둠으로 눈이 부신 어둠의 한가운데
 풀벌레 울음마저 삼켜버린 밤의 변곡점을 지나 이메일 한 통 와 있습니다
 나에게 온 것이 분명한데 발신인은 모르는 사람
 기억을 더듬어 보아도 나열해 보아도 모르는 사람은 모르는 사람
 제목은 가을 낙동강 바라보며 단풍 숲 사잇길 걷기입니다
 가을을 앓는 사람이 가을을 지우기에 탁월하고 매력적인 제안 같습니다
 제목에서 풍기는 몇몇 단어가 상상력을 부추겨 낙동강을 단풍 숲길을
 광속으로 다녀오게 만드는 유혹입니다

 와불처럼 길게 누운 낙동강 가를 걸을 때
 강이 바로 집의 앞마당인 물고기가 물 위를 펄쩍 뛰어올라 세상의 가을을 엿볼지도
 모르고 햇살이 비쳐 울음이 타는 가을 강*이 명치끝에 낚싯바늘처럼 걸려 갑자기 한 편의 시가 마른하늘에서 마른 비처럼 쏟아질지도 모를 일입니다

생을 통틀어 심장이 멎을 듯한 전율로 다가오는 가을이 몇 번 있을까요
 벌써부터 목에 침이 마릅니다
 삭제 버튼을 누르려다
 낯선 사람끼리 낯설게 아는 지명 다녀오기에 동참하기로 마음먹습니다
 그러나 집합 날짜와 장소 시간을 확인하는 순간 꿈은 꿈처럼 사라지고 맙니다
 같은 날짜에 집안 결혼식이 있어 아침 일찍 서울행 기차를 타야 하기 때문입니다
 모르는 사람끼리 모르게 가을의 절정을 복사하거나 저장하는 유의미한 시간이 되고 싶었는데 무의미한 일이 되고 말았습니다

 작은 길 하나 남기고 단풍나무로 둘러쳐져 있을 숲길
 봄과 여름의 마지막 악장이라 불러도 좋을 붉은 잎 각혈처럼 쏟아내는 그곳
 포효하며 표류하는 가을을 가슴으로 마구 쓸어 흡입하기 좋은 그곳
 백색의 겨울과 마주하기 위해 비장한 추락을 감행하는 그곳

너무 아름답고 숭고해서 눈물이 솟는 그곳을 맨몸으로 가서 피울음 한 자락 꺼이꺼이 토하며 지친 영혼 탈탈 털어버리고
 새로운 피 수혈하고 돌아오고 싶은 그곳을 뒤로하고
 저는 폐지처럼 구겨져서
 흑백 필름 같은, 잃어버린 청춘의 꼬리 같은 기차를 타고 칸칸마다 옴니버스처럼 이어지는 창밖 만추나마 즐겨 바라보겠습니다 잘 다녀오십시오

◆ 박재삼의 시

애인

하루도 글을 쓰지 않으면 죽을 것 같았는데 쓰지 않고도 살아 있는 걸 보면 가식이었나

매일 밤 날것의 언어를 예리한 칼날로 벼려 시식하지 않으면
온몸에 뿔이 돋치는 줄 알았는데 멀쩡한 걸 보니 허깨비였나

아무것도 하지 않고 시간만 축낸 무능하고 비겁한 손을 내려다본다

쓸모없는 손을 자르고 싶으나

그럼에도
너는 나의 삶이자 의미이고 본능이며 본질이니

애인아

차라리 나를 갈기갈기 찢어 풍장을 해다오

죽어 바람의 가시로라도 너를 품어야겠다

같다와 처럼의 이중구조

머릿속에서 죽어가는 말의 세포를 잘라내야 할 것 같다
물방울처럼 톡톡 튀는 상큼한 단어를 불러와야 할 것 같다

채워지지 않는 허기와 갈증
어떤 무엇으로도 채워지지 않을 것 같다
차라리 팽팽한 활시위 속을 걷거나 너로 인한 고통의 절정을 고통 자체로
즐기는 게 나을 것 같다

유언장처럼 폰에 저장해 둔 작별의 문자를 삭제하거나
너에게 날아가는 일이 없도록 기도해야 할 것 같다

아기의 분홍색 잇몸을 뚫고 올라오는 젖니처럼
갈라진 아스팔트 틈을 비집고 피어나는 민들레 엉겅퀴의 강인한 생명력처럼
홀로서기를 해야 할 것 같다

잘게 찢은 종이를 공중에 비둘기로 날리거나
방울방울 비눗방울을 만드는 천의 손가락을 가진 마술사처럼은 될 수 없을 것 같다

〉

  숱한 암고양이를 거느리고 거만하고 당당하게 밤의 뒷골목을 누비는
  수고양이의 날카로운 눈빛과 곧추세워진 등뼈처럼은 더욱 될 수 없을 것 같다

  불명료함에서 벗어나기 위해 회색 가장 아끼고 좋아하는 색을 버린다

  그럼에도
  너에게 전화를 하거나 문자 메시지를 보내야 할 것 같다
  몸속의 시계가 더 이상 버티기 힘들다고 알람을 울려댄다
  방전되기 전에 기능이 마비되기 전에
  너의 미소와 숨소리와 부드러운 목소리로 충전을 해야 할 것 같다

  이렇게 아까운 봄날이 간다

차안과 피안

눈앞의 풍경은 당신을 보내는 데 필요한 배경

물결처럼 흐르지만 흐르는 그 어떤 것도 눈에 들어오지 않는다

다만 캄캄한 절벽에 부딪는 거친 바람 소리뿐

바람의 절규뿐

건네지 못한 말들이 머릿속에 가득한데 검은 허공이 내려와 목을 조른다

심장은 터질 것 같고 입안은 마른 갯벌처럼 탄다

아무것도 할 수 없기에 불가능이 가능이 되는 순간

유체 이탈한 물병좌 은하들이 별똥을 밟으며 별똥 속으로 잠적한다

흐르는 눈물을 호리병에 담아 소금이 필요한 날 마중물로 쓰리라

〉

　차안과 피안의 경계를 허물며 목련이 한 장 한 장 옷을 벗는다

　동백이 치명적인 얼굴로 뛰어내린다

　마지막 한 방울 피 다 마르도록 처음 같은 순간은 다시 오지 않으리

　오 이제는 당신을 보내야 할 차례

　당신의 미소가 하늘로 사라지는 순간을 바라볼 차례

기분 묘하다

잠의 바다에 빠지려고 눈꺼풀을 닫는 중이다
커튼을 내리는 순간 나도 함께 닫힌다는 걸 처음 깨달은 양
삼 센티도 안 되는 곡선을 접는다
눈을 점멸하며 들어 왔던 사물과 풍경이 닫힌다
이 세상에서 서서히 사라진다 죽은 사람처럼,
살아 있으나 마치 죽은 사람처럼
알 수 없는 곳으로, 고요의 늪 속으로 빨려 들어간다

검푸른 밤하늘을 수놓은 별들
천지를 부드럽게 감싸는 달빛

세상이 아무리 아름다워도 내가 깨어 있어야 아름다운 법
세상이 위대한 것들로 가득 차 있어도 내가 위대하다고 느껴야 위대한 것

그것들을 뒤로하고 잠의 미궁 속으로 블랙홀 속으로 가라앉는다
동시에 꿈을 꾸기 시작한다
제발 나를 가만 내버려둬 너를 사양하겠어
꿈 없는 숙면을 원했으나 매번 꿈에 잠식당한다

통제 불가능한 영역, 뛰어넘을 수 없는 제3지대에 갇혀 몇 시간을 허덕인다

　햇살이 눈두덩을 밀고 들어 왔다 조금 전까지 살고 있던 세상이
　오간 데 없이 사라지고 빛 쪽으로 달려 눈을 뜨니 눈앞에 네가 있다
　사후에서 돌아와 다시 만난 듯 네 속으로 들어가 내가 된다
　나는 방금 꿈이었는데 꿈속의 나였는데 꿈 밖의 네 속으로 들어가 내가 되다니
　꿈속의 내가 나인지 꿈 밖의 내가 나인지 매일 밤 사육당하다 보면 헷갈린다

　네가 나인 게 내가 너인 게
　기분 묘하다

존재와 부재

자근자근 시간을 씹는다
하루를 씹는다
나를 씹는다
하마 같은 입속으로
하늘과 바람과 햇살이 다녀가고
초록 나뭇잎과 산새가 왔다 간다
멀리서 기적소리 책장 넘기는 소리
어디선가 개 짖는 소리
자애로운 말씀이 다녀가고
꿈을 먹고사는 소년 소녀들이 넘나든다
종일 무엇인가 건지려고
펼쳐놓은 그물만 덩그렇다

잠자리

나는 여기 하나의 작은 점으로 살아가고 있다
나무도 꽃도 풀도 아닌 멍멍이도 냥이도 아닌
햇살과 바람
비와 구름
공기와 이슬에 취해
꽃에 취해
여기저기 날개를 파닥이며 날아다니고 있다
목소리 대신 날 수 있는 날개가 있다는 것
만물의 영장에게도 없는 날개를 가졌다는 것
어디든 날 수 있다는 것은
신의 축복이 아닐 수 없다
나는 나답게 살아가기로 한다
잠자리의 존재로 살다 조용히 일생을 마치기를 원한다
서로 헐뜯고 끝없이 싸움질만 하는 세상의 무대에서

사이펀
현대시인선
27

말할 수 없는 것들을 위한 파반느

김윤수

제 3 부

내가 더 슬픈 이유
  - H를 위한 비가

가방 안에서 울리는 벨소리
슬픈 것으로 따지자면 우리겠지만
지금은 내가 너무 아파 네 전화를 받을 수가 없네
우리가 더 슬픈 까닭은
함께해온 사람을 몇 달 간격으로 떠나보내고
혼자가 된 그 시간 이후였지
너를 바라보며 동병상련의 슬픔 덜어내던 내가
오늘은 몇 시간째 거리를 방황하며
후미진 골목 쓰레기통에다 머리를 박고
비린 내장 토하고 있으니
떨리는 손 떨리는 심장 떨리는 발
그러는 동안 검은 외투를 걸친 저녁이
잎새 떨군 나뭇가지 사이를 비애처럼 지나가네
내가 저 알몸의 나뭇가지 같고
떨어져 바람에 쓸리는 갈잎만 같아
그 앞에 걸음을 멈추고 서서
강의 깊은 눈으로 중얼거리네
당신, 내가 나를 버릴 수 있는 날이 오늘이 아니길 빌어줘
당신으로부터 완전히 벗어난 어느 날이길 기도해줘

아마도島

암울한 말들이 불안을 캡처하는 도심의 지붕을 지나
 그 어디에도 있고 그 어디에도 없는 아마도島를 배회 중이다

 고독과 절망이 흐린 불빛처럼 공존하는 섬

 낡은 목선 한 척 수평선을 지키며 해안가 끝에 버려져 있다
 지속할 수 없는 생을 포기하고 폐허의 전유물이 된
 타락하고 몰락한 사내가 더 이상 버릴 게 없다는 듯
 제법 멋스럽게
 바다 위로 떨어지는 별을 안주 삼아 독작을 하고 있었다

 사내의 유혹에 넘어갈 내가 아니었으나
 연민 아닌 연민이 안개처럼 허리를 휘감았다

 구애하기 위해 날개를 활짝 펴는 공작새처럼 사내는
 낡고 너덜너덜한 양복을 빼입고 앉아
 검게 젖은 눈망울 속에 쉴 새 없이 허무를 퍼부으며
 뜻 모를 웃음을 흘리고 있었다

저 웃음은 분명 곁에 와서 앉아도 좋다는 의미
혼자 마시는 것보다 함께 마시자는 뜻

나는 사내가 어떤 삶을 거쳐 여기까지 오게 되었는지 궁금해
더는 망설이지 않고 마주앉았다

술잔 속으로 달빛이 쏟아지고
파도가 처얼썩 차르르르 소나타를 연주하는 밤

그 밤에
몰락한 사내와 마시는 술은
매콤 달콤 쌉싸름했다

귓속말

 한 번도 들어본 적 없는 귓속말 듣고 싶은 밤이다 밤의 캄캄한 가지 끝에서 가지 끝으로 긴소리 관을 타고 건너오는 건너와서는 환한 등불이 되거나 검푸른 어둠 속 별이 되어도 좋은 귓속말 그 귓속말이 내 달팽이관 안에서 밤의 새가 될지 숲이 될지 뿌리가 될지 광장이 될지 광장에 울려 퍼지는 오케스트라가 될지 파도가 될지 파도에 능수능란한 서퍼가 될지 너로부터 귓속말 듣고 싶은 밤이다 지금까지 아무에게도 하지 못한 말 누가 들으면 안 되는 말 금기처럼 네 마음속에 먼지처럼 쌓여가던 비밀스럽고도 비밀스러운 은밀하고도 은밀한 귓속말 듣고 싶다 어릴 때 잘못한 죄 때문에 아버지에게 매를 맞고 꺼이꺼이 울면서 자신과 싸우던 기억이라도 좋고 도저히 자신을 용서할 수 없었던 자괴감 넘치던 비루와 멍에라도 좋고 통과의식처럼 누구에게 동정을 바쳤다는 얘기나 너를 위한 고해성사라도 괜찮아 한 번도 누구에게 귓속말 들은 적 없어 귓속말 듣고 싶은 밤이다 두 손 동그랗게 모아 내 귀에다 대고 밤을 흘러가는 작고 부드러운 목소리로 그러나 내 귀는 사자후 같은 소리도 들을 테니 그게 너였음 좋겠고 마지막 감미롭게 휘파람 소리로 끝내주면 더욱 좋을 너의 귓속말 듣고 싶다 네 안에 쌓여 죽어가는 말 한 발짝도 움직일 수 없어 명치끝을 아프게 한 말 내게 들려주는 순간 수렁 같았던 곳에서 막을 찢고 나와 세상과 처음 마주하는 생명체처럼 배설 같은 카타르시스가 네 온몸 구석구석 막혔던 혈류를 뚫어줄 테니까 강하게 솟구치는 전율과 마주할 테니까 네 귓속말 선물로 듣고 싶은 적막하고도 그윽한 밤이다

바다에서 만나자

밖엔 비가 오고 있었다
오랜 시간을 함께했는데 몇십 분도 안 된 것 같은 이 기분은 뭔가
비가 내리기 때문인가
내일이면 네가 잠시 한국을 떠나 여기 없을 거라는 인식 때문인가

카페 주인에게 우산을 빌려 너는 거세게 쏟아지는 빗속으로 사라지고
나머지 친구들 우왕좌왕하는 사이
나도 바람 부는 빗속으로 사라진다

부를 수 없는 소리는 들리지 않는 거리를 가늠하는 말

네 뒷모습 바라보며 걷는 게 좋았다
내가 뒤에 오는 걸 네가 모르는 게 좋았다

지상으로 떨어져서야 팝콘처럼 활짝 피는 꽃

좁혀지지 않는 간격 사이로 하얗게 메밀꽃 인다

그럼에도 빗속을 걷는 너나 내가 외로워 보이는 까닭은 무엇인가

쓸쓸하다는 생각 겨울나무 같다는 생각 회초리 맞고 있다는 생각이

머릿속을 떠나지 않는다

우리 만날 때마다 작별의 시간이 아쉬운 거라면
바다에서 만나자

춤추는 고래처럼 만나자

고래 잇속 드나드는 물결로 만나자

말 잘 들어주는 사람

벗겨도 벗겨도 알 수 없는 양파 같다고 했을 때
내가 너무 침묵했다는 걸 인정했다

말과 말 사이에 끼어들어 말을 자르려는 사람들 속에
말 잘 들어주는 쪽을 택했던 것이 오해를 불러왔다

여자들 이야기라는 것이 가끔은 진지할 때도 있지만
대부분 일상적인 이야기들로 금세
잊어버려도 좋을 소소한 내용이 많기 때문이다

그래도 기를 쓰고 동참하는 사람들을 보면
나는 안 그래야지 한 수 배우며 만족했다

그래서는 안 되는 거였나

세금 내지 않는다고
말하는 것조차 양보할 줄 모른다
무슨 이야기든 끼어들기부터 하고 주인공이 되려 한다
조금의 배려라고는 찾아볼 수 없는

조용히 나를 물어주는 사람과 소통하고 싶었다

사람과 사람 사이 말과 말 사이를 조율하며
네 생각은 어때, 쉼표를 찍으며 기다려 줄 줄 아는
인간적이고도 인간적인 사람과 친해지고 싶었다

사람들은 말 잘 들어주는 사람이
말 잘하는 사람이라는 걸 모르는 것 같다

내일은 비

새벽에 화장실 다녀와 물 한 잔을 마셔요
물소리가 겹겹 결을 이루다 목구멍 속으로 소리를 삼켜요
나뭇잎과 돌멩이 맑게 울던 새소리와 산사의 풍경을 흔들던 바람
달의 표면을 핥고 온 구름의 내력이 읽혀요
자연과 몸 비비던 순간의 경유지가 파노라마처럼 눈꺼풀에 매달려요

비운 만큼 채우는 순간
해머로 정수리를 맞은 듯 진저리를 치는 이유는
멀리 떨어진 그리움과 함께할 수 없기 때문이고
마음 뒤에 숨겨 둔 슬픔이 대책 없이 쏟아지기 때문이죠

흩어진 잠을 꿰매 다시 침대 속으로 들어요

어딘가 바닥을 뒤집어서 물의 뿌리를 캐는 사람들
물속에 물의 씨앗이 있고 열매가 있고 세상을 비추는 거울이 있어

거울 속 겨울이 봄을 기다려요

복수초의 연노랑을 탐해요

물이 지휘하는 오케스트라가 세계의 시간을 낮과 밤으로 바꾸죠
연주는 불변이고 끝을 모릅니다

멀리 떨어져 물로도 바람으로도 합체할 수 없는 우리는

칠 일에 한 번 불로 만나니
쌓이는 갈증이 바벨탑을 이루죠

하루의 어디쯤에서 사람들은 갈증을 버릴까요
불이 물을 부르는 고요의 시간과 맞닥뜨릴까요

오늘이 목이 말라서
아직 태어나지 않은 구름의 입자가 창을 두드리는 내일엔 전국에
내가 내리겠습니다

남이섬

　남이섬을 떠가는 강물 위로 고양이 울음 같은 비가 내린다
　그냥 내리는 게 아니라
　강의 잔등에 수천수만 개 가시꽃을 피우며 내린다

　뭍과 뭍 사이

　고양이 울음이 되었다가 꽃이 되기도 하고
　물의 비늘이 되었다가 바람의 혀가 되기도 하는

　빗방울, 그 수천수만 개의 발가락들
　수면 위를 오가는 아르페지오
　봄의 환상곡

　강물이 뱃전을 때리며 물보라 파문을 일으킨다
　엉켰다 풀어지는 생의 조각들같이

　등 뒤로 사라지는 풍경이
　나를 삼키도록 마음의 빗장을 풀어 놓는다

　언제 왔는지 남이섬 안에 들어와 있다

섬의 여자. 안개가 되어 있다

남이라는 이름을 가진 사내가 비의 문장으로
천 년 전 언어로 말을 걸어왔다

흘린다는 것과 찌른다는 것

겨울에 목이 긴 여자를 만나면 하얀 목에 감기고 싶죠
따뜻한 머플러가 되어

슬프게도 삐쩍 마른 여자를 보면
내 절반의 살이 튀어나가 그 여자에게 붙고 말아요

유아차에 앉아 우유를 흘리고 먹는 아기를 보면
예쁜 턱받이가 되고 싶어 자꾸 눈길을 흘립니다
아기 엄마는 모르는 척
아찔한 미모로 웃음만 흘리고 있습니다

내게도 저런 시절이 있었나 머릿속을 헤집으면
오래된 풍경 하나가
내 얼굴에도 미소를 흘리게 하죠

어린 아들에게 농담 삼아
엄마가 좋아 아빠가 좋아 슬쩍 찔러 보았을 때
다 좋아요라는 대답,
잘 생각해봐 더 깊숙이 찌르면
아빠에게는 비밀이에요 엄마가 더 좋아요 하던,

지금은 어떤 말들을 찌를까 죄 없는 아이들을

또 어떤 기발한 농담들이 흘러 다닐까
천륜의 강물 위를

갈망의 푸대들
　- 코로나 블루

낙타를 타고 달을 횡단하는 것은 먼 미래의 일
지나간 어제를 불러 다시 오늘을 사는 일
장비 없는 알몸으로 기암절벽을 오르는 일
구름 없는 하늘에서 비가 쏟아지기를 기다리는 일
겨울 숲에서 사과를 따는 일
태양을 타오르던 장미가 오월을 헐어내는 일
나뭇잎 배를 타고 태평양을 건너는 일
백 년을 감옥에서 버티는 일

어디든 갈 수 없으니 어디든 가고 싶은
목마른 하루가 목마르게 흘러내린다

낙타를 그려 넣자 칼리하리사막*이 떠올랐다
모래 먼지 속을 자유롭게 여행하는 일군의 행렬이 떠올랐다
끝없이 펼쳐진 광야에 소리 없이 펄럭이는 깃발
깃발 너머의 그 너머의
바람이 연출하는 무수한 물결무늬가 모래 위에 겹쳐지고
광풍이 머릿속을 혼란으로 가득 채웠다

어디든 갈 수 없으니 어디든 가고 싶은

죽고 싶어도 죽지 못하는
갈망의 푸대들

◆ 아프리카 남부에 있는 해발고도 820~1,200m의 고원을 이룬 사막.

서운암 장독대

비밀문서 하나씩 간직하고 진군을 기다리는
비장한 병사 같다가도
아침이면 속살 드러낸 아리따운 처녀로 변신
햇살 훔치는

치열하게 합류하지 않으면
날것의 깊숙한 영역까지
전류가 흐르지 않을 것 같아
세포와 세포 사이
행간과 행간 사이
뜨거운 이빨을 박는다

내밀하게 주고받은 중심에 고이는 볕살

어느새 밖은 아름다운 가을
노랗게 익어 있었다

미래 도서관

달의 무늬가 변할지도 모른다
몰라서 두려운 건 오른손이 쥔 칼이 아니라 미래에도 인간이 살아남을 수 있을까 하는 예측을 한 뒤부터이다

푸르거나 누렇거나 검거나 하얗거나
인간이 아이를 낳지 않아
지금처럼 살아지진 않을 것이다
인간이 인간을 죽이고 양심이 고양이의 먹이가 된 지 오래
죽인 자만 남게 될 것이다
나는 오래전에 한 번 죽은 적이 있다
고양이의 손톱에 찔려

서정이나 낭만은 미래 도서관에 전설로 걸려 있다
죽은 자들이 인간으로 태어나 고양이의 사랑을 받게 될 것이다
네가 나를 사랑한다면
전생에 너는 나를 죽인 고양이가 분명하다

긍정의 힘

끝없이 내달려 눈 덮인 히말라야를 뜨거운 맨발로 오르고
아프리카 세렝게티 동물들의, 돌멩이도 씹어 먹을 이빨
로 가서 치열한 사투 끝에 죽어도 죽지 않을 승자의 만찬
을 즐기다가 갈기 휘날리는 사자의 근엄한 표정으로 서서
슬프도록 아름다운 주홍빛 노을에 빠졌다가 다시 눈 뜨
는 아침

아직도 나는 패기 넘치는 바다에 누워있다

광장의 분수처럼 나를 끌어 올리는 것은 무엇인가
무엇이 나를 용솟음치게 하고 끝없이 달려나가게 만드나
무엇이 나를 스스로 눈부시고 황홀하게 하는가

매일 매일이 무기력하고 답답해서
어제 잠들기 전 발코니에 나가 기도하며 조금 울었다
절벽 같은 어둠에서 벗어나게 해달라고 무릎 꿇고 울었다
누군가 죽비를 내리치며 욕설을 하는 거 같았지만 다시
더 크게 울었다

그런데 이 아침
나를 몰아치는 것은 무엇이고

허공에서 말 달리며 손뼉 치고 내려오는 것은 무엇인가
무수한 입자들로 덩어리져 흑요석처럼 빛나게 하는 것은 무엇이며
나를 고무시키는 긍정의 힘은 무엇인가

내가 나를 알 때까지
매일 밤 발코니에 나가 기도하리
검푸른 밤하늘 보고 별을 바라보고 기도하리
별 없는 밤엔 밤을 나는 벌레에게, 착한 공기에라도 입맞추며 기도하리
울면서 울면서 기도하리

인어공주

날카로운 입맞춤으로도 모자라
목소리를 주고 얻은 당신

햇빛과 바람과 구름의 입자가
바닷속에선 그렇게 아름다울 수 없어서
생을 바꿀 수 있다면
당신의 종족이 되고 싶었죠

초록색의 눈
은빛 비늘
펄럭이는 지느러미
얼굴이 지워지고 기억이 사라져도

뜨겁게 차오르는 심장

다시 나로 태어난 바위 위에 앉아
사슴의 긴 목을 닮아 가는 건
언젠가 찾아올 당신의
불꽃 같은 눈빛을 받고 싶은 바람 때문이죠

나를 만나러 올 때는

잃어버린 모국어를 들을 수 있게 커다란
귀를 달아 주세요
목소리를 돌려주세요

부재중입니다

나는 요즘 나를 만날 수가 없다
어디 먼 곳으로 유배되었는지
내가 아닌 내가 밥을 먹고 자동인형처럼 설거지를 하고
손에 묻은 물을 털어내다가
남은 물기를 엉덩이에 스윽 문지르고
방으로 들어와 거울을 보며
거울 속 나를 보고 내가 맞는지 아닌지 확인을 해 봐도
맞는 것 같은데 아닌 것만은 틀림없는 것 같고

벚꽃이 피었다고
개나리가 웃는다고 혼자 중얼거리고

눈망울 똘망똘망한 고양이가 화단에 앉아 해바라기를 하다
나를 보고 화들짝 놀라 쏜살같이 도망가고

텅 빈 내가, 여느 때의 내가 아닌 내가
허수아비처럼 걸어가는데
아파트를 빠져나가는 차가 클랙슨을 눌러대고

그들 눈에는 내가 아닌 내가 나로 보이는지

어디 다녀오시는가 봐요 말을 걸어오고
나는 내가 아니라는 말도 못 하고

이름 없는 하루
부재중인 나를 앓고 있다

눈이라도 기다리며 살자

내가 만약 눈이 자주 내리는
서울이나 춘천 어디쯤 산다면
눈을 바라볼 수 있어서
뽀득뽀득 눈을 밟으며 어디든 멀리
걸어갈 수 있어서 좋은데
잔뜩 흐린 추운 겨울 어느 날
전화 걸어올 사람 하나 없는데◆
전화를 기다리던 날처럼
눈이 오기만을 기다리던
한 푼의 서정이나 낭만이라고는 없는
춥고 메마른 도시가 떠올라
뿌리 내리지 못하고 엉기지도 않고
더듬고 밀리고 휘몰아치는◆
저 눈발처럼 우우거리지는 않을까
떠나온 부산이 그리워
허둥대지는 않을까
눈발 펄펄 날리는 하늘 귀퉁이에
니가 그립다 울컥 넘어오는
뜨거운 감정의 덩어리를 삭이며
눈시울 붉히지는 않을까
그러니 다 접어두고

한 가지 그리워하며 사는 게 맞는 거 같아
전화 걸어 올 사람 하나도 없는데
눈이라도 기다리며 살자
먹먹한 가슴으로
흐려오는 하늘가 바라보며
이 도시에 엉덩이를 붙인다

◆ 강희근의 '눈이 내리고' 인용

오월과 유월 사이

 바람도 불지 않는데 대숲이 흔들린다
 허공에 넣은 손 거두려는 갈잎들이 새잎에 바통터치를 하며
 떠날 채비를 하기 때문이다
 댓잎은 왜 늦은 봄이 되어서야 지상에 입 맞추려 하는 것일까
 가을이 아니고 왜 늦은 봄인가
 초록 잎 사이사이 빛바랜 잎들이 하나둘 벼랑으로 몸을 던진다
 바닥은 한바탕 가을 바다가 된다
 해탈의 경지를 지나 육탈을 이룬, 마지막을 꿈꾸는 갈잎들
 비늘 없는 물고기 같으다
 햇살에 바짝 몸이 마른 버들치 같으다
 물 만난 고기들이 몸을 흔들며 유유히 헤엄치는 동안
 아파트 미화원 손길은 바빠지고
 어느새
 어느새, 6월이 가고 있다

물 위를 걷다
 - 수영장 풍경

끝에 서서 끝에 있는 나를 부른다
그녀가 원하는 속도로 갈 수 없는 나를
이제 겨우 걸음마를 뗀 나를
물속은 깊고
물속은 환하고
직립할 수 없는 무중력의 세계
지느러미 요리를 잘해야 뜰 수 있는 세계

몸의 갈퀴는 신이 준 선물입니까
나는 지금 소리를 삼키는 중입니다

직진하기 위해 곡선으로 몸을 날린다
흔들리는 쪽배처럼 불안하게 그녀에게 가고 있다
저녁이 되면 기어이 당도해야 할 땅끝마을 사람처럼
가라앉지 않으려고
두 팔과 두 발이 허공을 휘저으며 물 위를 걷고 있다

우리를 흐르는 것들

별이 보였다 은하수가 띠를 이뤘다
머리를 한 번 세게 흔들었다
열 몇 시간 공중에 떠 있다 보면
해도 달도 별도 안 보이는 거 없이 다 보이는 거라고
눈꺼풀을 밀쳤다

돌아온 집은 낯설기만 했다
마음은 그곳에 두고 몸만 와서 그럴까

고온에 감염된 열기가 느린 동작으로 빈 공간을 떠돌고 있었다
 낮은 천장의 형광등은 우리가 타고 온 구름 같았다

 다 시들고 살아남은 스킨답서스는 물이 고팠다고 마른 허리를 배배 꼬며 울먹였다

 다시 시작해야 해서 어제를 오늘과 내일에 동여매 놓았다
 불투명한 유리창을 투명하게 빛바랜 수저를 윤기 나게 문질렀다

 한 달간의 부재를 메우기 위해 시차 적응은 생략키로 했다

⟩

  그곳에 두고 온 아름다운 순간들이 남은 시간의 과녁에 명중되도록
  그리하여 오래오래 허기지지 않도록

  우리는 그 방에 익숙해질 무렵 통통한 감정으로 돌아왔다

  그토록 가고 싶었던 곳에서 이토록 다시 오고 마는 곳으로
  늘 봄날일 수 없지만 봄날 같은

  피는 식지 않고 우리를 흐를 것이다

기다림의 미학

기다린다는 것은

한 척의 배 되어 강물 위를 흐르다가
바람 되어 사라지는 일

천천히 한 입 두 입 사과를 베어 먹는 일
그런 순간이 쌓이는 일

미술관에 가서 자신도 모르게
한 그림 앞에만 서 있다가 돌아오는 일

설거지를 하다 접시를 깨트리거나
수돗물 잠그는 걸 잊어먹거나

내 안에서 벌어지는 소리 없는 전쟁과
마주하는 일
꽁꽁 언 고드름이었다가 한 방울씩 녹아
물방울이 되는 일

기다린다는 것은

더 이상 존재하지 않는 존재와 결별하는 일
긴 고요 속에 나를 던져 놓고
사막을 건너는 한 마리 백조가 되는 일

춤으로 쓰는 시

저 에어로빅 선생으로 왔지만 에어로빅 선생 아니에요 제 속에 들끓고 있는 열정을 춤으로 풀어내지 않으면, 단언컨대 하루라도 춤을 추지 않으면 집을 뛰쳐나갔던지 바람이 났을지 몰라요라는 고백, 이처럼 솔직하고 매력적인 선생을 만나다니

  문 없는 문을 열고
  그녀가 무대 위에 올랐을 때

  우리는 숨을 죽였고
  음악이 서서히 넓어서 좁은 공간을 가득 채우자
  그녀는 춤을 추기 시작했다

  형식을 초월한 형식으로
  틀을 베어버린 틀의 조각으로

  눈빛과 입술과 표정 연기로
  두 팔과 두 다리 가슴과 골반으로 쓰는 시의 춤

  우리는 침묵에 빠졌고

따라 하기 힘들지만 따라 하지 않을 수 없는

한 땀 한 땀 언어를 구성하는 문장에 넋을 놓았다

불을 품은 듯 품은 불을 불사르듯

물아일체에 빠져

시원을 향해 날아갔다 다시 물과 불과 바람이 되어 돌아오는

내면에서 끓어오르는 광기를

내면과 연동하고 연계하며 추는 섹시한 춤의 시

우리는 경악했고

따라 하기 힘들지만 따라 하지 않을 수 없는

그녀의 우아하고 격렬한 시에 사로잡혀 부르르 몸을 떨었다

맨발 걷기

셀카로 보내온 사진, 연예인의 미소 같아 미소 짓게 만들어요

아름답게 늙어가는 것도 신이 준 축복에 들어갈까요

빌딩의 고강도 창이 바람을 끌고 가는 비스듬한 배경은 비발디의 봄의
 연주를 듣는 것 같았죠

갈매기들 나래짓이 선회하는 바닷가

선글라스 너머의 너머 두고 온 그리운 집 보이시나요
 식탁 위엔 물병 물병보다 꽃병 꽃병보다 약병들이 하루의 일상을 틱톡 해요

반복적인 일상이 허무하게 느껴지던 감방 아닌 감방에서
 바닷가로의 일탈은 쇼생크 탈출의 팀 로빈스처럼 비장했죠

언제 맨발로 걸어보는 모래밭입니까
 언제 뒹굴어 보던 모래사장입니까

⟩

  맨발 걷기를 하는 당신과 당신의 오십 년 지기 친구에게 백 년 박수를 보내요
  직선으로 누운 수평선은 전진하라 전진하라 타전을 보내고
  당신의 뇌는 예전의 말 잘 달리던 장딴지가 아니라는 걸 암묵적으로 읽고 있어
  두 개의 불협화음이 가시밭을 누비죠

  앞만 보고 걸어가세요
  만선을 위해 새벽 바다를 가르는 고등어 어선처럼
  파도의 밀어가 쌓아놓은 해안가 모래 거침없이 밟아 보세요
  밟을 때마다 오감으로 전해오는 모래알의 변주. 정맥이 불끈불끈 춤을 출 테죠
  고향의 바다 광안리의 허파를 다시 젊음의 장으로 누벼 보세요

  고목에도 새순이 돋고
  떠오르는 태양보다 지는 노을이 가을 낙엽만큼 아름답다 하잖아요

빅 백

오후 4시의 태양은 아직 제왕의 품위를 지키고 있었네

무겁기도 무겁지 않기도 한
빅 백이 든 종이 가방을 손에 들고 약속 장소인
청사 안으로 들어섰을 때
젊디젊은 얼굴들이 각자 햇살같이 업무를 보고 있었네

세상을 다 품어 안을 듯한 패기와 열정으로 가득 찼던
내 이십 대가 거기 앉아 있었네

그것은 전업주부에게 향수를 불러오는 일
잠시 푸르렀던 시절에 맨살을 비벼보는 일
스치듯 그 시간 속으로 여행을 다녀오는 일

생각은 꼬리에 꼬리를 물고
약속한 선배는 오지를 않고

시간은 채 썰어 놓은 무 조각같이
봄날 바닥을 물들이는 꽃잎같이 말라가고

오지 않는 애인을 기다리듯 시간을 죽이고 서 있는 나

〉

언제 적 빅 백인지 낡디낡은 빅 백을 메고 다니는
선배에게 줄 선물도 지쳐가고 있을 때

하품하듯 그녀가 저어기 걸어오고 있었네

나는 반가워 바통을 넘기듯 얼른 빅 백을 건네주었네

빌런의 앤솔로지

그녀를 만나기 위해 숲속으로 들어간다
별이 된 그녀가 별이 되어 나타날지 모르는 장소에

헛된 기대는 하지 않기로 했다
일찍 철들지 못한 자신의 무지를 탓할 뿐

그녀가 떠난 자리 아프고 쓰라렸으므로 그 본질이 후회라면
그는 지금 뼈아픈 후회를 하는 중이다

적절치 못한 이유로 그녀를 막다른 골목으로 몰아넣은 죄
마지막 신호를 외면한 죄
끝내 지켜주지 못한 죄

이제 그녀는 세상의 나이를 먹지 않는다
백 년이 지난 후에도 천 년이 흐른 뒤에도

그녀의 머리칼을 묶던 머리띠 같은 나뭇잎들이 유령처럼 흔들린다
그는 그녀에게 사랑을 고백했을 때처럼 무릎을 꿇었다

너는 초저녁 별이었다
여리고 여린 꽃이었다
꺾어서 안 될 꿈이었다

나를 용서하지 마라
제발 용서하지 마라

그는 숲의 절벽 앞에서 눈물로 호소했다
핏빛 하늘에서 초저녁별이 그의 머리 위로
방울방울 별이 되어 쏟아지고 있었다

김수영 시인

좀 무모해도 될까요
그냥 물어보는 거예요

나중에 웃을까봐
미리 연막을 치려고요

혹시 당신 시인이세요
시인이 아니시면 그냥 지나가시고요
시인이시면 차 한잔해요

사차원의 자유로운 영혼과 말 섞어 보려고요
김수영 시인 같은 비현실적 눈망울에 풍덩 빠져 보려고요

세상의 슬픔이란 슬픔 고뇌란 고뇌 다 짊어진 얼굴
새털같이 가벼운 중력으로 검고 긴 속눈썹에 앉아 보려고요

깊은 벼랑 위에 풀처럼 나비처럼 누워 보려고요
바람보다 먼저 눕고 바람보다 먼저 일어나려고요

미치지 않고는 건널 수 없는 세상

미치지 않고는 견딜 수 없는 현실

거짓과 술수가 판치는 세상서 오래 살아남으려면
좀 무모해야 하니까요

졸업

조용히 책을 읽으며
은발의 사내가 타 주는 모닝커피를 마시네

나는 한 가지는 졸업했네
누구는 솥뚜껑을 졸업했다는 사람도 있고
설거지를 졸업했다는 말 들으면
커피쯤은 아무것도 아닐 테지만
나도 이제 한 가지는 졸업했네

그러나 한없이 기분 좋다가도 썰물처럼 밀려오는
공허감을 막을 수 없네
쓸쓸히 늙어가는 것에 대하여 쓸쓸해지는 쓸쓸을 덮을 수가 없네

드라마나 영화에서 엄마에게 물어보고 결정하라며
결정권을 포기하는 남편
엄마 눈치 보는 자식들
여지없이 세상이 변했다는 걸, 청보리 같던 아버지의 위상이
 바닥 친 걸 느낄 수 있네

세상 돌아가는 대로 받아들이면 그만일 테지만
끝나지 않을 것 같던 남자들의 아성이 무너진 걸 보면
안쓰럽다 못해 불쌍한 생각마저 드는 건 왜일까
함께한 생에 대한 연민일까

그 모두를 졸업하는 날이 머지않았는데

내 편이 자꾸 쪼그라드는 것 같아 슬프다

알면서도 모르고 모르면서 아는

　나 알아요라고 물었을 때 네 알아요라고 대답한 건 모른다는 말의 역설적인 대답이었죠 곧 둘째 언니 남자가 될지 모르는 사람의 방문을 위해 방문이란 방문 창문이란 창문 죄다 열어 놓고 청소하고 꽃을 사고 장을 보러 다닌 발품의 시간이 만만치 않았다는 해석의 다른 표현이었죠 지구촌의 모든 걸 다 안다고 그렇다고 다 모른다고 말할 수 없듯 머지않아 가족이 된다 해도 결국 알면서도 모르고 모르면서 아는 듯 살아갈 테니까요 산 위 먹장구름을 빗방울이라 읽으며 봄비와 사랑에 빠져 보려고 우산 없이 나갈 때 길을 걷다 길을 잃고 멍 때리다 멍이 들고 멍이 아파 비혼을 외치기도 할 테죠 외진 곳에 무리 지어 핀 작고 여린 노오란 꽃 이름도 모르면서 예쁘다 예쁘다를 남발하다 고딩 때 친구 남발이가 생각나고 사월에 분분히 휘날리는 분홍 눈송이 명화 속 한 장면 같아 폰에 저장하려다 결정적 순간을 잃고 아쉬워하는 나를 누가 알기는 알까요 순수한 빛깔로 왔다 비장하게 흩어지는 꽃잎이나 주워 모아 서녘 하늘 붉게 물드는 노을이나 만들고 있겠죠 이 순간에도 어디선가 꽃은 눈물처럼 피고 지고 누군가는 파란만장 펄럭이는 꽃비 터널 지나 떨리는 저녁으로 걸어 들어올 줄 알면서도 모르고 모르면서 아는 둘째 언니 그 남자, 그 남자에게 나도 묻고 싶어요 나 알아요

노을

저리 슬프도록

아름다워서

절정의 순간은 짧은가

찰나처럼 지나가는

한 생

영원 같은 사랑도

몌별 같은 이별도

꽃잎처럼 스러지고

고요 속에 잠겨

울음을 삼키는 미리내

사무사思無邪

백 미터 이백 미터

부처님 뵙겠다고 봉고차 기다리는 신도들 지나

바람 소리 계곡물 소리 새 소리 지나

연두에서 초록으로 변해가는 사이길 지나

금빛 햇살 마중하는 숲을 지나

오방색 연등이 하늘을 덮고 있는

성불사에 다다른다

간절한 염원으로 가족 이름의 등을 달고

세상 살아가는 날까지

목숨 다하는 순간까지

건강 동여맬 수 있도록 곡진하게 옷깃 여미면

〉

궁극엔 그 바람마저 탐진치貪瞋癡와 다르지 않아

사무사思無邪를 읊조리며

부처님을 바라본다

부처님 깊은 사색의 바다에서 중생을 고뇌하고 있다

불면객

늦은 밤에

밤이 새도록

잠도 재우지 않고 몸과 마음까지 가져가겠다고

침대에

잠자리에

절벽같이 달라붙어서

양팔 양다리 묶어 놓고

영혼의 정수에 빨대까지 꽂는 너를 만나면

살아 있어도

살고 있어도

이 밤에 나는 죽은 목숨이다

그놈은 예뻤다

밤이 되면 어김없이 찾아오는 불청객
검은 가면을 썼으므로 여자인지 남자인지 구별할 수 없지만
오늘 밤
그놈은 예뻤다

피카소나 달리의 후예가 되겠다고
캔버스 앞에서 밤을 새우는 나를
불후의 명작은 아니더라도 대표작은 남겨야 하지 않겠냐고
밤의 횡단을 막아주고 손뼉까지 쳐주는
그놈은 예뻤다

완성과 미완성 사이 밝아오는 창이 나를 보고 웃을 때
인사라도 해줄까 돌아보니
이미 줄행랑을 치고 없는
그놈은 예뻤다

비망록

조금은 행복해도 좋았을 10대를
동네 책방과 다락방을 오가며
호롱불의 심지를 돋우고 있을 때
내가 닿을 항구는 돛대 끝도 보이지 않았으므로
말을 잃어가는 조숙한 아이가 되었다

탈출을 시도할수록 느리게 더듬거리며 찾아온
해바라기 씨앗처럼 단단해져도 좋았을 20대
날개는 내 어깨에서 비상을 서두르지 않았고
꿈은 아직 막막했으므로
책을 덮고 쪽창으로 내다보던 새벽녘
오소소 떨며 반짝이던 별 몇 개와
오래 그리움을 이야기해도 즐거웠으련만

정체 모를 불안에 마음 앗기지 않으려고
가슴 한켠에 남아있는 허깨비를 꺼내 불사른다
가난과 외로움에 길든 비애
소금물에도 녹지 않을 슬픔의 진액
그 모두가 낳은 오류와 모순을
여기 낱낱이 불 지른다

불타는 시간이 내 이마 위에
어떤 위로의 말을 던지지 않더라도 충분히
나는 헛된 것들을 붙잡지 않을 것임을 안다
타는 불꽃들이 점점 내 안에서 그대로
하나의 하늘이 되고 우주가 되고
길이 되고 있으니

사랑하다 죽어라

사랑도 그 무엇도 할 수 없는 사람은 죽어라

온몸 털어내는 은행나무에게라도 목을 매어 죽어라

한여름을 걸어온 나무도 더는 사랑할 수 없어서 꽃피울 수 없어서

죽을 각오로 옷을 벗는다

죽을 각오가 되어 있지 않은 사람은 사랑을 하지 마라

최초의 햇살 같은 사라지는 저녁 같은 천 길 벼랑 같은

죽을 듯 사랑하고 죽을 듯 헤어져라

단 한 번이라도 미친 사랑을 하라

수없이 전율하고 무수히 감동하고 그 기쁨과 슬픔에 절망하라

종을 울리며 날아가는 종달새의 깃털의 깃털을 흔드는

바람처럼

 물고기의 눈물처럼 초록 나무의 잎새처럼 무인도의 신 우대처럼 울어라

 사랑도 그 무엇도 할 수 없는 사람은 겨울밤 별을 보고 멀리 걸어가 보라

 외로워서 추워서 손잡아줄 사람 그리워서 목이 메일 테 니

 사랑할 수 없으면 죽은 목숨

 사랑의 잔해가 독보다 쓰다 해도 내일 죽는다 해도 사랑 하라

 사랑하다 죽어라

단풍나무

사랑하지 않을 수 없었네
늦가을 산야山野를 핏빛으로 물들이는
단풍, 저 환장하게 붉은
붉다 못해 폐부를 찌르는 단풍을 두고
사랑한다 말하지 않을 수 없었네
그 붉은 잎에 데일 것 같아
입술 한번 포개지 못하고
먹먹한 가슴으로 돌아서는 단풍을 두고
사랑이라 말할 수밖에 없었네
몇백 년 지은 죄 피로 속죄하듯 각혈을 토하며
한나절 바람에 살랑살랑
오늘 나는 한 그루 격렬한 단풍나무로 살았네
붉어 더 이상 붉을 수 없는 색色 색嗇 색素
황홀한 잎으로 살았네

◆ 해설 ◆

존재하지 않는 존재와의 결별

김정수 (시인)

존재하지 않는 존재와의 결별

김정수 (시인)

　김윤수의 시는 '사이'에 존재한다. 존재와 부재, 사람과 사람, 말과 말, 꿈과 현실, 뭍과 바다, 노을과 어둠…. 이들 사이에서 오랜 시간 견디며 다양한 삶의 문양을 그려낸다. 공간이나 사물의 이쪽과 저쪽, 그 중간에 존재하는 '사이'는 양쪽에 닿아 있지만, 어느 쪽에도 속하지 않는 중간지대의 특성이 있다. 공간과 공간, 사물과 사물 사이에는 항상 중간 혹은 사이의 공간이 존재하지만, 공간이나 사물의 한쪽이 사라지면 중간 혹은 사이의 공간은 존립할 수 없다. 이 말은 사이는 독립적이 아닌 의존적 공간이라는 것이다. 시간이나 관계가 중간에 존재하지만, '사이의 공간'에 개입하지 않는다. 사이의 공간은 가득 채워져 있을 수도, 텅 비어 있을 수도 있다. 만약 공간에 존재하는 '사이'가 아니라 사물이나 현상의 관계나 상태를 의미한다면 '사이'는 존재할 수도, 존재하지 않을 수도 있다. '공간의 사이'가 단지 공간이나 사물의 기준에 의해 결정된다면, 사물이나 현상의 관계나 상태의 사이는 연관이나 비교에 의해 생겨나기 때문이다.

장 폴 사르트르는 "존재한다는 것의 존재란 바로 그것이 '나타나는' 것"(『존재와 무』, 동서문화사, 2009)이라 했다. 존재는 어떤 형태로든 나타남으로써 자신을 증명하고, 시공간에 존재하는 것은 서로 관계를 맺으며 살아간다. 사람과 사람은 관계의 여부와 정도에 따라 '무형의 사이'는 가득 찰 수도, 텅 빌 수도 있다. 사이가 촘촘할수록 관계는 농밀해진다. 그런 친밀한 존재가 사라지면 고통과 상처, 슬픔을 수반한다. 존재와 부재 사이에서 방황할 수밖에 없다. 방황하는 중에는 존재도, 부재도 명확하지 않다. 시인은 '모르는 것'에 대한 막연한 불안을 시종 드러낸다. 미지의 세계와 존재에 대한 두려움이 시공간과 관계를 채운다. 시간 속에서 "하루를 씹"(이하 『존재와 부재』)다가 결국 "나를 씹는" 상태에 종종 놓인다. "긴 고요 속에 나를 던져 놓고"(이하 『기다림의 미학』) "더 이상 존재하지 않는 존재와 결별"을 기다리는 와중에도 슬픔에 겨워한다. "부재중인 나를 앓고"(『부재중입니다』), 마음속에서 말을 걸어오는 자신과 대화를 시도하기도 한다. 몸과 마음 사이, 부재중인 나는 존재하지만 존재하지 않는다. 몸은 존재하지만, 마음이 부재한 상태이기 때문이다. 말을 하고 싶지만, 그럴 수 없는 "말의 늪에 빠져"(『말할 수 없는 것들을 위한 파반느』) "몽유의 시간"(『퍼플섬』)을 보내야만 한다.

시인은 실재하지 않는 문과 문 사이에서 방황한다. 앞뒤로 닫힌 문은 "열어도 열리지 않"(이하 '시인의 말')고, "닫아도 닫히지 않는"다. 문과 문 사이에 낀 채 오가도 못한다. 마음의 방황이다. 방황의 시원에는 유년의 상처와 인연에서 비롯된 만남이 존재한다. 어떠한 문이든 열어야만 방황과 마주할 수 있고, 삶의 미궁을 탈출할 수 있다. 열리지도, 닫히지도 않는 문은 그냥 벽이다. 사방이 막혀 앞이 보이지 않는다면, 당연히 길도 보이지 않는다. 그런 "막막함에서 벗어나기 위해"(이하 「고흐에 관한 명상」) 선택한 것이 시인의 길이다. 그 길도 만만치 않다. 그럼에도 시인은 "귀 하나 잘라도 좋"다는 각오로 "슬픈 침묵"과 "은밀한 내력", "글썽이던 눈부심"에 대해 쓴다. 그것은 삶의 '아픔'이면서 '절규'이기도 하다. 내면의 벽에 막혀 드러나지 못하는 것을 밖으로 드러내기 위한 '절박함'이다. 사이의 공간과 관계에서 방황하는 시인의 존재 방식 혹은 이유이기도 하다. 이러한 시적 분위기를 잘 대변하는 시가 「말할 수 없는 것들을 위한 파반느」다. 이 시를 시집 맨 앞에 배치한 나름의 이유일 것이다.

> 내 입속엔 노을같이 붉은 말 할 수 없는
> 말해지지 않는 것들을 위한 말 할 수 있는 말들로 가득
> 해요
> 우는 자들을 위해 소나타 형식으로 짜여진
> 사랑스러운 말 그리운 말 전하지 못한 말들이 빽빽하죠
> 주체할 수 없어 입 벌려 말하려 하면 꺼내기도 전에
> 파도에 휩쓸리는 모래알이나 소리 나지 않아 버린 고
> 장 난 악기가 되어버리죠

터트릴 수도 버릴 수도 없는 입속 가득한 말로
성을 쌓으려 해도 새를 날리려 해도 반복되는 악순환
을 떨칠 수가 없어서
말하지 못하는 것들을 위한 말할 수 있는 말들이
입속 가득 찬 공기였다고 벌판을 가로지르는 구릉이었
다고 신기루였다고
물푸레나무 슬픈 이름으로 속삭이는 수밖에요
그럼에도 난 내 입속 쏟아낼 수 없는 말들을 사랑해요
소리로 접을 수 없어 숨 막히는, 말해지지 않아 말의
늪에 빠져 지내는 하루를
그 말할 수 없는 것들을 위한 파반느를
둑 넘치는 질주를 사랑하고 사랑해요

─「말할 수 없는 것들을 위한 파반느」 전문

　이 시의 시적 자아는 내면의 감정을 말로 발설할 수 없는 억압된 상태에 놓여 있다. 억압은 타자에 의한 것이라기보다 스스로 자아를 억압하는 형국이다. 억압의 배후에는 "입속에 가득한 말"을 전할 대상이 존재한다. 하지만 그 대상은 자아 곁에 머물지 않는다. 구체적인 진술은 없지만, 천국의 방에 세를 든 "당신"(「오늘 하루만이라도」)이나 "이십여 년 전에 별이 된 사람"(「발톱」)과 연관된 것으로 보인다. 노을은 시간의 흐름에 따라 변화를 거듭하는 아름다운 풍경과 소멸을 상징한다. 붉게 타오르다가 끝내 어둠 속으로 스러지는 일몰은 생을 불태우고 죽음을 맞이하는 존재로 표현된다. "주체할 수 없"는 말은 감정으로 가득 차 꺼내기도 전에 울음으로 바뀌거나 공허해진다. 인생의 덧없음과 쓸쓸함이 물씬 배어 나온다. 사랑스럽다거나 그립다는 말은, 들을 수 있는 대상이 곁에 있을 때 비로소 의미가 생겨난다. 그리움의 대상이 곁에 없는데 사랑한다고 말하는 것은 "파도에 휩쓸리는 모래알"이나 "고장 난 악기"처럼 의미가 없다. 이곳에 존재할 때 하지 못한 말이라 더 애련하다. 후회하고 있다, 대상이 살아 있을 때 표현하지 못한 말을. 느리고 장중한 춤곡을 뜻하는 "파반느"는 시의 전체 분위기와 율조를 상징적으로 보여준다. 말로 다 풀어낼 수 없는 감정의 춤사위이자 장중한 배경음악 같은 효과를 자아낸다. 흉중에 품은 비밀은 지켜져야 한다. 시적 자아는 "말하지 못하는 것들"을 끝내 입 밖으로 내지 못한 것을 감내한다. 사랑한다거나 그립다는 말은 표면적이고 수면 아래에는 해서는 안 되는 비밀이 숨겨져 있다. 감히 입 밖에 낼 수 없는, 내서도 안 되는 것이다. 그래서 시적 자아의 감정이 더 억압된 것처럼 느껴진다. 때론 끝내 입을 닫는 것은, 비밀을 품고 산다는 것은 공허하다. "입속 가득 찬 공기"나 "벌판을 가로지르는 구릉", "신기루"처럼. 시적 자아를 잠식한 말할 수 있는 말은 "모래알"과 "고장 난 악기"로 실재하는 사물로 상징되다가 "공기"와 "신기루"와 실재하지 않거나 닿을 수 없는 덧없는 존재로 변형되어 나타난다. 실재에서 실재하지 않는 사물의 상징은 "물푸레나무"라는 사물에 이르러 다시 방향을 튼다. 그 순간부터 노을이 사라진 자리에 어둠이 차지하

듯, 말의 상징 대신 물 이미지로 시의 물꼬를 튼다. 늪과 둑을 넘치는 물로 절망에서 희망으로 자리를 옮겨 앉는다.

    사방이 바다로 둘러싸인
    오수를 즐겨도 좋을 아늑한 카페에 앉아
    수척해 가는 겨울 등뼈를 만지며
    커피 대신 쪽빛 바다를 들이킵니다

    피를 나눈 몇몇이 당신을 둘러보고
    당신의 치마폭에 일 년 치 슬픔을 문지르고

    그것도 모자라 아름다운 노을을 보여주자고
    생전의 당신을 다시 여기 풀어놓을 때

    수평선 가까이 부표처럼 떠 있는 섬이
    당신인 양 말 없는 미소로 출렁입니다

    살아 있으므로 먹고 마시고 나누는 우리들이 있다면
    당신이 세든 방은 온통 꽃들로 둘러싸인 천국

    영혼이 쉴 작디작은 방 하나뿐일지라도
    살아 의지하던 큰딸과 이웃하고 있으니 외롭지는 않을
    는지요

죄만 지었다고 모자랐다고 속 쓰린 회한을 갚을 길 없어
　　오늘 하루만이라도 뼈를 깎고 살을 저미며

　　오직 당신 생각에만 젖어 생전에 못 한 말

　　사랑한다고 사랑한다고
　　　　　　　　　　　　　　 -「오늘 하루만이라도」 부분

　이 시는 앞서 살펴본「말할 수 없는 것들을 위한 파반느」의 연장이거나 후속작처럼 보인다. 시적 대상에 대한 "생전에 못 한 말"의 안타까움이나 반복적인 "사랑한다"는 절절한 어조와 시적 분위기가 묘하게 닮았기 때문이다.「말할 수 없는 것들을 위한 파반느」는 특정한 공간적 배경이 없는 상태에서 할 말조차 못 하는 자아의 심정을 자조적으로 다뤘다면,「오늘 하루만이라도」는 어떤 섬의 카페라는 구체적인 공간에서 가족과 어울리는 상황에서도 속울음 같은 그리움을 표출한다는 차이를 드러낸다. 앞의 시 후반부 '말의 상징'에서 갑자기 '물 이미지'로의 전환이 그리움의 대상인 어머니가 묻힌 데가 사방이 바다로 둘러싸인 '섬'과 관련 있기 때문임을 미뤄 짐작할 수 있다.
　지금 시적 자아는 "피를 나눈 몇몇" 가족과 섬 카페에 앉아 있다. "치마폭"은 어머니를, "일 년 치 슬픔"은 어머니의 기일을, "큰딸과 이웃"은 큰딸의 죽음을 의미한다. 몇몇 가족은 여기에 존재하고, 어머니와 큰딸은

여기에 부재하다. 돌아가신 어머니에 대한 진한 그리움과 달리 시적 분위기는 소풍이라도 온 듯 평온하다. 햇볕 따사로운 카페의 폭신한 의자에 앉아 "오수를 즐"기는 듯 여유롭다. 한데 시적 자아의 심정에는 그리움이 점차 차오른다. "아늑한 카페"와 "오수"의 대척점에 "겨울 등뼈"와 "수척"이 자리한다. 존재의 여유로움과 부재의 수척함, 그 대비가 매우 극렬하다. "수척해 가는 겨울 등뼈"는 살아생전 어머니의 고단한 삶을 상징적으로 표현한 것이다. 시적 자아는 마르고 수척한 생전의 어머니 모습을 떠올리며 커피를 마신다. 아니 어머니의 고통스러운 삶을 마시는 듯하다. "아름다운 노을"은 서해, "부표처럼 떠 있는 섬"은 어머니의 무덤의 은유적 표현이다. 뭍과 섬, 흙과 물 사이에 "섬"이 자리하고 있다. 존재와 부재 사이를 이어주는 것은 출렁이는 "수평선"이다. 수평선의 출렁거림이 물 건너에 머무는 영혼을 '오늘 하루만이라도' 모셔와 교감할 수 있게 해준다.

> 바다에 당도했네
> 기다리는 사람 아무도 없으나 세상 가장 낮은 곳에 누
> 워 온갖 상처 보듬고
> 꿰매고 쓰다듬는 바다에
>
> (중략)
>
> 다닥다닥 바위에 붙어사는 조가비처럼

모르는 사람들 틈에 섞여 모르는 슬픔을 해안가에 버린다

음표처럼 텅 빈 허공 속으로 뒤를 지우며 날아가는
우울이라는 욕망이라는 절망이라는 이름의 새들

생의 행간을 칸타타로 오가던 새들
잘 가라 나를 앉았던 새여

(중략)
저녁 빛에 몸을 씻은 바다가
비로소
내 입속의 검은 미늘을 인양하기 시작한다

–「모르는 슬픔」 부분

물 위를 걷는다

바람이 흘린 눈물 같아서
초록 잎사귀가 햇살에 흔들리다가 떨군 입술 같아서
입술만 생각하면 가닿고 싶은 섬 같아서

세상의 모든 보라를 그러모아
허물고 덧대고 칠하고 펼쳐 만든 전경 속으로 들어간다

(중략)

물 위를 걷는다

다리 위에서 바라보는 마을은 전생처럼 다감하고
물 위를 걷는 몽유의 시간은 기시감으로 뒤척인다
내 안에 있는 보라가 명치끝을 찔러 댄다

멀리 와서 버린다
생의 무거운 짐

— 「퍼플섬」 부분

 "세상 가장 낮은 곳에 누워" 있는 바다는 "온갖 상처 (를) 보듬고/ 꿰매고 쓰다듬는" 치유의 공간이다. 유년부터 끌어안고 살아온 상처로 인한 슬픔은 바다에 와서야 비로소 치유의 실마리를 찾는다. 해진 옷을 꿰매듯 상처를 보듬고 쓰다듬지만, 흔적마저 사라진 것은 아니다. 바다/섬은 어머니의 영혼이 잠들어 있는 성스러운 공간이다. 사방이 바다인 섬에 들어가는 행위는 엄마 뱃속의 태아를 떠올리게 한다. 태아를 둘러싸고 있는 양수가 태아를 보호하듯, 섬을 둘러싸고 있는 바다/어머니는 상처받은 영혼을 감싸 안는다. 바다/어머니의 품에 안긴 자아는 비로소 "전신의 세포(를) 열어" 오래 끌어안고 살아온 고통과 슬픔을 내려놓으려 한다. 이런 마음의 해제는 바다/섬이라는 공간, 어머니라는 안식처가 있기에 가능하다. "모르는 슬픔"의 정체는 바닷가에 버려지고서야 정체를 드러낸다. 시적 자아의 마음속에 오랫동안 둥지를 틀고 있던 우울, 욕망, 절망이 새가 되어 "허공 속으로" 날아간다. "생의 행간"을 날던 새들을 날려 보내는 건 억압에서의 해방을 의미한다. 새가 날아간 자리에 "파도 소리"와 "적막"이 찾아오고, "모르는 사람들"에 대한 막연한 불안과 공포도 사라진다. 낮과 밤이 몸을 바꾸는 저녁, "내 입속의 검은 미늘을 인양하기 시작한다". 미늘은 낚싯바늘의 끝에 거꾸로 돋은 가시를 말한다. 이는 시적 자아의 내면에 깊이 박혀 고통스럽게 하던 말을 비로소 뱉어냄을 뜻한다. 어머니 같은 바다의 품에서만이 내면의 고통과 슬픔을 들여다보고 치유와 위안을 얻을 수 있음을 상징적으로 보여준다.

오늘 하루는 바다가 출렁이는 다리 위 "물 위를 걷는다". 퍼플섬은 전남 신안 안좌면 박지도와 반월도를 가리킨다. 섬 전체가 보라색으로 물들어 '보라색 성지'라 불린다. 빨강과 파랑 사이에 보라가 있다. 빨강은 열정을, 파랑은 냉정을, 이 두 색의 혼합인 보라는 고귀와 신비를 상징한다. 시적 자아는 이중 신비의 이미지가 스며 있는 "몽유의 시간"을 불러내 유년의 상처를 끄집어낸다. 색깔과 감정을 교차하면서 슬픔의 시원으로 거슬러 올라간다. "물 위를 걷는" 듯한 환상은 섬에 발을 디디는 순간 우울한 이미지로 전환된다. 섬을 방문했을 때의 심리상태가 빨강이나 파랑이 아니라 "바람이 흘린 눈물"의 보라색임을 숨기지 않는다. "허물고 덧대고 칠하고 펼쳐 만든" 퍼플섬의 전경 속으로 걸어 들어가는 용기를 보여준다. "유년의 보라에게 전화"를 건다는 것은 아직도 유년의 상처가 남아 있음과 보라로 환기된 상처를 정면으로 마주하고, 이제 극복할 용기가 생겨났음을 뜻한다. 섬과 섬 사이에 놓인 다리를 건너는 순간 '유년의 나'를 대면한다. 이제는 거의 사라진 "공중전화 부스"의 전화기가 과거의 나와 현재의 나 사이를 연결해주는 매개 역할을 한다. 1연의 "물 위를 걷는다"는 첫 섬에, 8연의 "물 위를 걷는다"는 두 번째 섬에 들어가는 형국이다. 이 반복적인 의도에 시인의 내공이 감춰져 있다. 첫 번째 섬에 들어서는 유년의 고통을 마주하면서 인연과 사랑을 담담하게 풀어놓았다면, 두 번째 섬에 들어서는 "전생처럼 다감"한 풍경에 비로소 "생의 무거운 짐"을 내려놓는다. 이는 첫 번째 섬을 돌아보면서 마음의 안정과 "보라색 헐렁한 티셔츠"를 입는 적극적인 행위를 통해 유년의 고통과 사랑의 통증을 적극적으로 수용하려는 의지 덕분이다. 혼자 떠나는 여행의 목적이기도 하다. 시적 자아의 복잡한 내면 변화를 '보라'라는 색깔과 물 위를 걷는 듯한 '몽유'를 교차해 완성도를 높인 인상적인 작품이다.

동그랗게 몸을 말아
발톱을 깎고 있으면 생각나는 사람 있다네

이십여 년 전에 별이 된 사람

눈물 콧물 쏙 빼놓고 떠난 사람

단 한 번도 누구의 발톱을 깎아 준 적 없는 내가
평생 누구에게 발을 내밀어 본 적 없을 그녀의
발톱을 깎아 주어서가 아니라
구순을 넘기고도 수줍어 두 발을 치마 속으로 감추던
그 비밀스러운 순정을 보았기 때문이네
그렇게 희고 부드럽고 아담한 발을 처음 보았기 때문
이네

세상의 모든 것을 다 내려놓은 발은
그렇게 아름다운 것인지 우아한 것인지
반달같이 떠오른 발톱을 깎아 주며 숨을 삼켰다네

— 「발톱」 부분

  이 시의 시적 자아는 발톱을 깎다가 "이십여 년 전에 별이 된", "세상의 모든 것을 다 내려놓은 발"을 떠올린다. 발톱과 발톱 사이에는 20여 년의 간극이 존재한다. 발톱을 깎는 행위는 과거의 환기인 동시에 그리움의 간극을 좁히는 일이다. 내 발톱이나 타인의 발톱을 깎을 때 몸을 "동그랗게" 말아야 한다. '동그랗다'라는 말에는 정성과 소중함이 깃들어 있지만, 나이를 먹으면 그런 자세를 취할 수 없다는 의미가 담겨 있다. 신체 부위 중 지상에서 가장 가까운 발과 발톱은 더러움과 신성, 용맹을 상징한다. 특히 발톱은 동양에서는 권위와 위엄을, 서양에서는 용맹과 야생이나 파괴와 보호를 상징한다. 하지만 이 시에서 발톱은 신성이나 용맹과는 거리가 먼 "비밀스러운 순정"을 의미한다. 그 배경에는 '수줍음'이 존재한다. "구순을 넘"긴 나이에도 가까운 사람에게조차 발을 내밀지 못하고 "치마 속으로 감추던" 새색시 같은 수줍음. 평생 남에게 발을 내보이지 않은 "희고 부드럽고 아담한 발"은 "북녘으로 돌아"누운 그녀의 삶을 상징적으로 보여준다. 평생 그런 삶을 살았다는 증거다. 사람은 아이였을 때 보호가 필요하다. 먹고 싸는 일이나 손톱·발톱을 깎는 일까지. "단 한 번도 누구의 발톱을 깎아 준 적 없"다고 했지만, 어린 자식의 발톱을 깎아줬을 것이다. 진짜 그랬다는 것이 아니라 "눈물 콧물 쏙 빼놓고 떠난 사람"에 대한 특별함에 대한 의미 부여인 셈이다. 시적 자아가 구순의 나이가 되면 누군가 "동그랗게 몸을 말아" 발톱을 깎아 줄 것이다. 깨끗하게 깎은 발톱으로 생의 저편으로 걸어갈 것이다. 시적 자아는 "구순을 넘"긴 그녀에게 자신이 해줄 수 있는 게 발톱을 깎아 주는 것처럼 미약한 보살핌뿐이라는 사실을 안타까워하고 있다. 내 발톱을 깎다가 늙은 어머니의 발톱을 깎아 주던 장면을 떠올리고, 이를 통해 "세상의 모든 것을 다 내려놓은 발"의 사유로 이어지는 시적 흐름이 매우 자연스러운 수작이다.

    그녀가 한쪽 날개를 잃고 슬퍼하는 동안
    나머지 날개를 다독이며 울어 주지 못했다

무슨 말로든 위로를 건네라는 셀프 텔러의 충고를
　　귓등으로 흘렸다
　　저녁이 되자 커튼을 치듯 어둠 밖으로
　　가슴을 짓누르는 돌덩이 던지며 슬픔의 무게 줄여 갔
을까
　　절정의 아름다운 가을 풍경이 창 안을 기웃거려도 아무런
감흥 없이
　　그저 그런가 보다 했을까
　　나처럼 왠지 모를 불안감에 쫓겨 눈부신 가을 낙조의
　　아름다움을 씨실과 날실로 엮지 못하고
　　그저 그런가 보다 했듯이
　　함께 울어 주지 못한 감정이
　　아직도, 라는 섬에 갇혀 숨을 조여 온다
　　단 한 번의 큰 슬픔을 깊은 위로로 건네지 못한 말
　　후회란 이렇게 오는 법인가
　　셀프 텔러가 한쪽 귀를 베어 간다

　　　　　　　　　　　　　　　　 -「셀프 텔러」전문

　내 마음속에서 말을 걸어오는 사람이 있다. 평소에는 잠잠하다가 삶의 갈등이나 선택의 갈림길에 서 있을 때 슬며시 말을 걸어온다. 가령 "다시 한번 혼인해 볼까"(「폭염」) 갈등할 때, "함께해온 사람을 몇 달 간격으로 떠나 보"(「내가 더 슬픈 이유 - H를 위한 비가」)낼 때, "속마음을 털어놓은 편지를 보"(「손편지」)냈을 때, 작별 문자가 "너에게 날아가는 일이 없도록 기도"(「같다와 처럼의 이중구조」)할 때, "미래

에도 인간이 살아남을 수 있을까"(「미래 도서관」) 걱정이 될 때처럼 내 마음속의 내가 문을 두드린다. 셀프 텔러는 "한 번도 들어본 적 없는 귓속말"(「귓속말」)이나 나 자신에 시도하는 통화이기도 하다. 하지만 "나는 요즘 나를 만날 수가 없다"(이하 「부재중」) 통화 중이라 걸려오는 전화를 받을 수 없거나, "먼 곳으로 유배"됐거나, "그 어디에도 없는 아마도島"(이하 「아마도島」)라는 섬을 배회한다. 시인의 "고독과 절망", 불안과 슬픔이 해소되지 않는 이유이면서 김윤수의 시가 머무는 한 지점이다.

「셀프 텔러」의 시적 자아는 "한쪽 날개를 잃고 슬퍼하는 동안" 같이 울어 주지 못한 것을 자책한다. "충고를/ 귓등으로 흘"린 결과 "아직도, 라는 섬"에 홀로 갇혀 숨이 막혀오는 고통을 감내한다. 날짐승은 양쪽 날개로 난다. 당연히 한쪽 날개로는 허공을 날 수 없다. "한쪽 날개를 잃"었다는 건 자유를 잃은 상징적 의미 외에도 외부의 위협으로부터 생명을 지킬 수 없음을 의미한다. 허공이라는 자유와 안전을 담보한 공간을 상실한 채 "왠지 모를 불안감"과 두려움에 떨어야 한다. 시인은 막연한 불안과 두려움을 극복하는 방법을 제시한다. 그것은 "어둠 밖으로/ 슬픔을 짓누르는" 슬픔의 돌덩이를 던지는 것과 세상사에 "감흥 없이" 무신경하게 사는 것이다. '나' 와 '내 안에서 말을 거는 나' 사이에 존재하는 불안은 '나' 와 '세상'과의 소통을 방해한다. "눈부신 가을 낙조의/ 아름다움"을 온전히 감상하지 못하도록 한다. "그저 그런" 가을 낙조와 눈부시고 아름다운 가을 낙조는 현재의 경험과 과거의 경험이 결합한 세계다. 현재는 씨줄, 경험은 날줄이다. 또한 이는 셀프 텔러가 베어 간 "한쪽 귀"이기도 하다. 스스로 잘라 내면의 소리를 듣지 않는. 불안이 침습한 상태에서의 씨줄인 한쪽 귀는 기능을 상실한다. 이는 "한쪽 날개를 잃"어 허공을 날 수 없는 것과 맥이 닿아 있다. '아직도'는 불안을 털어낼 때가 되지 못했거나 미처 이르지 못했음을 의미한다. 현재의 상태가 지속됨을 섬 이미지를 통해 보여준다.

> 막막함에서 벗어나기 위해 쓴다
>
> 연필심 뾰족하게 깎아 너를 쓴다
>
> (중략)
>
> 백지 위에 다시 연필심 뾰족하게 세우고 너를 쓴다
>
> 거짓 아닌 거짓을 쓰고 위선 아닌 위선을 쓴다
>
> 귀를 하나 잘라도 좋다
>
> ―「고흐에 관한 명상」 부분

 잘 알려져 있다시피, 고흐는 스스로 귀를 잘랐다. 광기나 환청 같은 정신병, 예술적 광기, 주변 사람들과의 갈등 등 고흐가 귀를 자른 동기는 복합적이다. "막막함에서 벗어나"거나 "만나지 못한 그리움"을 형상화하거나 "거짓이 아닌" 삶의 진실을 시로 쓰겠다는 관점에서 보면 고흐가 귀를 자른 것은 예술적 절실함 때문이다. 귀 하나쯤은 잘라도 좋을 만큼 시가 절실하다면 "세상을 깜짝 놀라게 할"(이하 「시를 위한 단상」) 시 한 편쯤 쓰는 건 어렵지 않을 것이다. 하지만 시인은 시가 자꾸 "비켜 가기만" 한다면서 "만날 확률이 1도 없었"다고 자조한다. 그럼에도 시인은 심장을 열어 놓고 시가 올 때를 애타게 기다린다.

그녀는 춤을 추기 시작했다

형식을 초월한 형식으로
틀을 베어버린 틀의 조각으로

눈빛과 입술과 표정 연기로
두 팔과 두 다리 가슴과 골반으로 쓰는 시의 춤

우리는 침묵에 빠졌고

따라 하기 힘들지만 따라 하지 않을 수 없는

한 땀 한 땀 언어를 구성하는 문장에 넋을 놓았다

불을 품은 듯 품은 불을 불사르듯

>

　　물아일체에 빠져

　　시원을 향해 날아갔다 다시 물과 불과 바람이 되어 돌
아오는

　　내면에서 끓어오르는 광기를

　　내면과 연동하고 연계하며 추는 섹시한 춤의 시

　　우리는 경악했고

　　따라 하기 힘들지만 따라 하지 않을 수 없는

　　그녀의 우아하고 격렬한 시에 사로잡혀 부르르 몸을
떨었다

　　　　　　　　　　　　　　－「춤으로 쓰는 시」 부분

　마음에 차는 시는 좀처럼 찾아오지 않는다. 문을 열고 길을 보여주지 않는다. '시인의 길'은 문 없는 문을 열고 나가서 새로운 길 위에 서는 일이다. 미지의 세계에 대한 불안을 떨치고 길을 나서는 것이다. 이 시의 도입부는 새로운 무대에 오른 무희가 "제 속에 들끓고 있는 열정을 춤"으로 풀어놓는다. "춤을 추지 않으면" 가출하거나 바람이 났을지 모른다는 에어로빅 선생의 말을 시에

변용하면, 하루라도 시를 쓰지 않으면 한쪽 귀를 자르거나 입에 가시가 돋는다는 고백이 될 것이다. 무희의 몸짓 하나하나는 언어가 되고 시적 문장으로 다시 태어난다. "좁은 공간을 가득" 채운 음악은 시를 쓸 준비가 되어 있음을 뜻한다. 춤이 씨줄이라면, 시는 날줄이다. 춤의 언어와 시의 언어가 교차하면서 "형식을 초월한 형식으로" 시를 써간다. "두 팔과 두 다리 가슴과 골반으로" 추는 춤과 "한 땀 한 땀 언어로 구성"한 은유와 상징의 문장이 펼쳐진다. 혼신으로 써가는 춤의 시, 아니 "시의 춤"에 몰입한다. "따라 하기 힘들지만 따라 하지 않을 수 없는", 열정과 매혹을 넘어 물아일체物我—體의 경지다. 춤과 시가 하나 되는 순간 "정처 모를 불안"(『비망록』)과 "물큰거리는 상처"(『느리게 오는 새』)가 머물던 '사이의 공간'은 사라진다. "존재하지 않는 존재와 결별"(『기다림의 미학』)한다. 결국 시를 통해서만이 위안을 얻을 수 있음을 알 수 있다. "고요 속에 잠"(이하 『노을』)긴 "절정의 순간"이다. "나를 조금 허물"(『폭염』)어 "세상에 하나밖에 없는"(『아름다운 저녁』) 시를 쓴 날과 같다. "부르르 몸을 떨"다가, 끝내 침묵하게 하는 "우아하고 격렬한" 한 편의 시를 쓴, "참 아름다운 저녁"(『아름다운 저녁』)이다.

사이펀 현대시인선 27
말할 수 없는 것들을 위한 파반느
ⓒ 2025 김윤수

초판인쇄 | 2025년 11월 15일
초판발행 | 2025년 11월 20일

지 은 이 | 김윤수
펴 낸 이 | 배재경
펴 낸 곳 | 도서출판 작가마을
등   록 | 제 2002-000012호
주   소 | 부산광역시 중구 대청로141번길 3, 501호(중앙동, 다온빌딩)
         T. 051)248-4145, 2598 F. 051)248-0723 E. seepoet@hanmail.net

ISBN 979-11-5606-295-0 03810 정가 12,000원

※ 이 책의 무단전재 및 복제행위는 저작권법에 의거, 처벌의 대상이 됩니다.
※ 본 도서는 2025년 부산광역시, 부산문화재단 지역문화예술특성화지원
  '부산문화예술지원사업'으로 지원을 받았습니다.